中国企业的觉醒

正直 善良 成长

企业的改变在于人的改变

王涛◎著

The change in business
lies in the change of people

中国青年出版社

图书在版编目（CIP）数据

中国企业的觉醒：正直 善良 成长/王涛著 . 一北京：中国青年出版社，2019. 1

ISBN 978 -7 -5153 -5479 -8

Ⅰ. ①中… Ⅱ. ①王… Ⅲ. ①企业管理—研究—中国 Ⅳ. ①F279. 23

中国版本图书馆 CIP 数据核字（2019）第 010434 号

中国企业的觉醒：正直 善良 成长

王　涛/著

出版发行：中国青年出版社

地　　址：北京市东四十二条 21 号

邮政编码：100708

责任编辑：刘稚清

封面制作：久品轩

印　　刷：天津丰富彩艺印刷有限公司

开　　本：880 ×1230　1/32

印　　张：7. 25

版　　次：2019 年 7 月北京第 1 版

印　　次：2019 年 7 月第 1 次印刷

书　　号：ISBN 978 -7 -5153 -5479 -8

定　　价：98. 00 元

面对美德和良知，
只是为了使我们感到羞愧、渺小和忧伤、哭泣！

这是我对企业问题的一些观察和思考，必有肤浅和片面之处，仅是管窥之见。

本书是围绕着中国企业的特殊问题展开的。我们的企业（其实就意味着我们所有的人）是在这样一种原始自私性下运营的：我要从你那里得到我想要的，但你想要的我不关心，而且能不给就不给你。

这不就是欺骗和抢夺吗？因此，这样的企业完全不具有市场（交易）的本质。它们根本就不是"企业""公司"。不仅是大公司，从一个人的摊贩到在企业里工作的经理、员工，都是一样的。

因此，我们能不能，为了要从别人身上得到我想要的东西，我也把我拥有的而别人想要的东西给他？为了得到别人更好的东西，我就制作更好的东西给别人？这就是一家具有市场

（交易）本质的企业、公司了，就是一个具有市场（交易）本质的摊贩和员工。

我们能不能再进一步：在给别人他们想要的东西时，看看他们想要的东西是善还是恶。

制造更善的、更进步的东西，不管人们是否意识到了。

在交换已经公平的情况下，在自己的利益与他人的（社会）利益之间，能否自己少赚点而给出更多呢，比如给员工、消费者、贫困人群、治理污染等？

更进一步，我们能否不仅给物质利益，还给人（消费者、员工、所有人）创造更多的幸福、受尊重的体面的生活，乃至心灵、灵魂的平安呢？

这些就是本书想要探讨的问题。

本书不仅是写给大企业、老板、高管们的，也适合普通的员工、工人，以及医生、教师、艺术工作者、非营利组织人员等职业，乃至在校大学生、个体摊贩、家庭主妇和作为消费者的每个人。

王　涛

2018 年 2 月于苏州

第一章　正直的营销

第二章　善良的管理

第三章　在工作中成长

第一章
正直的营销

1. 营销思维的高贵

虽然理论上都知道要将销售或推销思维改变为营销思维，但是在内心深处真正发生转化的人不多。

销售思维的本质就是思考怎样把产品卖出去。对于销售人员或销售部门来说，这很正常，这是其核心责任。但是，企业的老板、CEO 等高管、营销人员、市场人员、产品开发人员及新创业者，就不应该是销售思维，而应该转向营销思维。

> 营销思维的本质是，思考人们的需求是什么。即产品给人们提供了什么利益、好处、帮助、价值。

营销思维的本质是，思考人们的需求是什么。即产品给人们提供了什么利益、好处、帮助、价值。

销售思维是思考怎么让人们接受我的产品，营销思维是思考人们需要什么，然后我满足他们。

以卖茶叶为例。销售思维是思考怎么把满山的茶叶卖出去。这就很容易想到找关系、降价、促销、交给批发商、设计好看的包装等。

如果是营销思维，就会思考现在人们对喝茶的看法是不是发生了变化？

他们关注喝茶的健康性，还是生活品质、习惯、文化？

中产阶级对喝茶的关注点在哪里？

什么样的人更喜欢喝茶，什么样的人开始漠视喝茶转向喝咖啡？

去星巴克喝咖啡的人与坐在办公室的茶具前喝茶的人的本质区别在哪里？

人们怎么看茶叶农药问题？

从绿茶、红茶、乌龙茶、普洱等看出人们关注的是什么、是不是追逐流行？

喝茶谈生意的含义是什么？

很讲究喝茶的人的心理是什么？

品牌、传承、品种、产地、健康等哪些更被人看重？

……

这些认知和理解导向了对产品、功能、特性、包装、定价、渠道设计等策略的思考和决策。而这些结果是来自对消费

者的理解，所以它又怎么能不好卖呢？

而这又产生了信心和耐心。因为我们清楚人们要什么，而自己的产品就是这么设计出来的。销售思维则不行，很容易就放弃。因为就如走在一片黑暗之中，在遇到挫折、困难时，自然会退缩、犹豫。

营销思维是光。它也必然走向善。帮助人们实现美好生活的愿望不是善行吗？比如，为了迎合人们对茶叶的急需而造假、粗制滥造，这必然是销售思维的行为。所以销售思维也是短期利益、见利忘义的。又何谈打造品牌呢？

营销思维中含有美德或者是有种高贵的品行和自信（我能做出最好的东西）。所以，他不用忙于找关系等推销，他相信：只要你了解，你就会要的，就会被打动。所以他的广告的焦点不是说，"你买吧，你买吧"，而是说，"看看我是谁吧，看看我的本事吧"。

偶尔在电视上看到英国茶叶品牌 Twinings 的故事。它是皇室御用茶，有 300 多年的历史。我印象最深的是它的一个理念：让这个品牌创始人的家族做代言人，现在是第十代。这其实是在以人的名誉，也就是他的整个生活作为茶叶品质的担保。

这暗示着：以我的人格、人生为保证，向你提供你期待的、想要的茶叶。越是有名望的人的保证越是被信任。因此，就如我们常看到的蔬菜包装上印着种菜人的信息的做法，其实效果不大。因为我向一个遥远地方的、生活状况远不如我（没有歧视之意）的人去质问，我又怎么能做出来呢？自然就看到这种做法隐含的还是销售思维模式。

思维模式的转化，不是训练、学习的问题，而是顿悟与否的问题。其实，顿悟就发生在我们对问题的探索过程中。

2. 创新的源泉是幸福

创新的本质是什么？是哪个根本因素在制约着创新的出现？

一个功利、压抑、麻木的人能有创新吗？恐怕他只会想到快速地复制、模仿，以简单的、粗略的小改善为创新而自豪。**但真正的创新中一定包含着美和善——人性之温暖的元素。**善自然不会被抄袭、复制、山寨，而山寨中又怎会有美呢？

而美和善一定产生于快乐的心中。因此，创新来自快乐的心，而真正的快乐就是幸福感。

这是说，幸福感才是创新的源泉。

这不是指富裕后的欲望满足的那种快乐。那不是幸福。

先不讨论到底什么是幸福，这个问题还不重要。因为当今我们生活主体是缺乏幸福感。

在物质主义下会有幸福吗？

在崇尚单一的文化中（如教授受人尊重，收银员被人瞧不起）有幸福吗？

做自己不喜欢的工作会幸福快乐吗？

肤浅、幼稚、庸俗、功利、市侩的心会幸福吗？

只顾关系、血亲的意识境界有幸福吗？

也就是说，在失去了仁慈、宽容、同情、怜悯、正直、正派、正义、公平、平等、自由及深刻、智慧、思考、睿智的环境中有创新吗？没有。因为在这种环境下的人们不会有幸福感。

也就是说，在失去了仁慈、宽容、同情、怜悯、正直、正派、正义、公平、平等、自由及深刻、智慧、思考、睿智的环境中有创新吗？没有。因为在这种环境下的人们不会有幸福感。

而社会环境的根源是我们每个人的内心。比如，我们内心的物质主义和只顾血亲关系就注定会不择手段的谋私利，而不择手段就带来了社会的不正义、不公平和压迫、剥削。然后，我们又是生活在自己创造出的没有幸福感的社会中。

所以，改变自己才是改变社会。

3. 有良知的商业

在零售业中，天天低价政策显然比超低售价政策更加有良知（这不是评论具体的公司，而是思考这两种价格政策，以从中探索出人性的问题）。

比如，超低售价政策在人们对价格不敏感的商品上的定价会高一些，这是聪明的做法。因为这些商品的高价既不会造成超市太贵的不好形象，又获得了更高的利润。而天天低价政策是在成本尽量低的情况下（主要是通过与供应商谈判获得低供价和优化供应链、降低运营成本等）尽量低价。

虽然第一种做法聪明机智，但是第二种做法更具善意。因为他的商品低价是来自自己优秀、卓越的能力而获得的低成本，以及对自己的利益、享受的一定程度的牺牲。也就是说，**他把自己的卓越带来的好处和一部分自己该得的利益及正常的享受让渡给顾客。**

人类的意识在进步，即良知和人性在觉醒。因此，商业行为也需要走向人性和良知，否则必败。

我们很清楚，现在我们想的更多的是怎么赚钱，是新项目、市场机会、新模式、创业、利润，然后就是富裕的生活、受人尊重、欲望的满足、家人的富足生活等。

但是，如果谁都不顾良知，那就意味着每个人都会生活在缺乏良知而导致的恶劣的社会环境中，如雾霾、不健康食品等。

> 他把自己的卓越带来的好处和一部分自己该得的利益及正常的享受让渡给顾客。

> 即便是弘扬一个光明的理念，我们内心的出发点到底是为了证明自己的正确而把自己发扬光大呢，还是真的看到人们陷入黑暗的观念里而遭受的痛苦，在于心不忍、内心苦痛的怜悯心下弘扬的呢？显然，前者仍然是打着善的口号的恶，他弘扬的仍然是自私、骄傲、虚荣。

即便是弘扬一个光明的理念，我们内心的出发点到底是为了证明自己的正确而把自己发扬光大呢，还是真的看到人们陷入黑暗的观念里而遭受的痛苦，在于心不忍、内心苦痛的怜悯心下弘扬的呢？显然，前者仍然是打着善的口号的恶，他弘扬的仍然是自私、骄傲、虚荣。

这就如即便是开一家素食餐厅，那么内心的出发点是为赚钱或弘扬慈悲心（自我标榜式的，或把慈悲心抽象为一个观念），还是真的看到动物的痛苦而于心不忍吃它们的肉，并由此想引导大家一起关爱动物呢？

赚钱与关爱是不矛盾的。比如，如果不关爱自己的员工，那么关爱动物岂不是笑谈。而关爱员工的企业怎么会不发展壮大呢？

现在该是觉醒的时候了。在思考项目、营销方案等的时候，我们是否同时考虑到良知，即自己的做法、想法、决策符合良知吗？

否则，只顾自己利益而损害他人和社会利益，这不是一个文明人、有教养的人、正派的人应有的行为。

我们现在还不是一个正派的人，这是事实。而承认自己不是正派的人，这就是悔改。

4. 做有人性的商人

我们痛恨过去英国商人卖鸦片而戕害中国人，如果仔细想想现在商人的行为，不择手段的牟利（如不顾社会、公众及子孙后代的利益），以及销售劣质的、不安全不健康的产品，这与当初卖鸦片的英国商人又有什么区别？

因此，我们应该认真思考商人的含义。它的基础一定是道德、人性，否则不是商人。不管你做得多大、多有名、多么正宗和传统。

因此，我们应该认真思考商人的含义。它的基础一定是道德、人性，否则不是商人。不管你做得多大、多有名、多么正宗和传统。

比如，利用搞关系而得到某种独揽的生意，然后可以高价卖给消费者，自己就有了高利润。赚钱后继续用于搞关系及自己的物质享受、傲慢和虚荣心的追求，而不是用在企业管理升级、效率提高、产品创新、福利员工、让利消费者上。这不是流氓行为吗？这些行为一点都不正派、不正直、不体面、不善、不公平、不正义。

然后，为了良心的安宁，就拿出点钱来给学校或寺庙捐款，但只要敢面对自己的心，就会知道这不能完成自己的救赎。因为良心的安宁来自人的心的悔改。**对自己的否定、痛斥、懊悔、痛苦的心，才是比钱更有效的祭物。**

对自己的否定、痛斥、懊悔、痛苦的心，才是比钱更有效的祭物。

难道还没看到这个问题的严重性吗？大家都当流氓，短期内都利于自己，但是社会在被大家损坏，不久整个社会的恶劣就会出现，人们将会生活在苦难中。

凡产品其质量皆不可信，凡广告即忽悠，凡陌生人就是冷漠，绝无创新、只有山寨。企业内部则运作低效、资源浪费、人心不平，等等。更不用说，环境污染对生活的侵害，以及不健康的商业行为导致的企业经营不力而使人们要承担更重的就业、生存压力。

被良心谴责的、负罪的心是没有幸福感的。物质的富裕也不能带来幸福感和内心的喜悦。即便一切都顺心如意，随即就会感到空虚、无聊。当在某个事情或信仰里得到暂时的充实时，对死亡的恐惧就开始笼罩生活（因为对死亡的恐惧就是对今世拥有的事物的贪恋）。

美国学生组织（Student Pugwash USA）所拟的大学生誓词是：我拒绝将我的所学用在对人类或其环境有害的任何方面。我的事业追求务必以道德为优先考虑。此后个人生涯将压力备至，然而我签此誓言以表达我的认知：每一个人承担起他的责任是迈向世界和平的第一步。

> 这个誓言的意义首先在于，这是一个弃恶从善的、寻求改善的善良、正义的意向，而不是做到与否。

这个誓言的意义首先在于，这是一个弃恶从善的、寻求改善的善良、正义的意向，而不是做到与否。

如果试着发这个誓言就知道了，不是每个人都敢发的，也不是每个人都情愿发的。

5. 难题本身就是解决方案

很多企业的业绩不佳或经营困难或不能持续发展，其中一个重要原因是对行业的理解不够。什么是对行业的理解？显然，不仅是对诸如市场有多大、发展潜力、竞争者、技术、资金、人才等外在因素的了解，而是对消费者，即人、人心、心理、生活的理解。

人们的生活观、生活态度、生活方式、生活的问题、苦恼、麻烦等，隐含着人们对行业，即产品或服务的需求。不过，我们想对行业的理解再深入一步，对人们的生活中的苦难、艰辛、烦恼的理解。

这就接近流行的词汇"痛点"。虽然这个词有个痛苦的"痛"字，但它表达的不是对人们的苦难、烦恼、艰辛的理解和同情，而是明显的商业化，即企业、经营、盈利的视角。

一个企业家、经理人，在做企业、做管理、做营销、做经营、做战略等工作时，都要做一个重要的工作，即理解行业。

> 一个企业家、经理人，在做企业、做管理、做营销、做经营、做战略等一切工作时，都要做一个重要的工作，即理解行业。而将理解行业的焦点放在对人们生活中的艰辛、苦难、烦恼、恐惧等的理解上，这样的企业才能抓住真正的需求，才能制定出最恰当的战略（如定价策略，产品开发）等。

而将理解行业的焦点放在对人们生活中的艰辛、苦难、烦恼、恐惧等的理解上，这样的企业才能抓住真正的需求，才能制定出最恰当的战略（如定价策略、产品开发策略）。

当一个企业家或经理人，是在解决人们生活的难题、烦恼乃至苦难、艰辛、恐惧时，他就是在做一个事业。不仅是一个企业、一个工作，不仅是利润和薪水，还有对社会的贡献，对人们的同情和帮助。这就把商业和社会责任结合起来。而且，这是真正的结合。因为结合点就是他的日常工作和产品或服务。

而且，这样的企业家、经理人必然是仁慈的、有社会责任感的。他们也必然是高效的，不会浪费任何社会资源。因为他们准确地理解了人们生活中的难题。然后，解决难题的策略、方式、产品、服务，还有什么好想的呢？难题本身就是解决方案。

当一个企业家或经理人，是在解决人们生活的难题、烦恼乃至苦难、艰辛、恐惧时，他就是在做一个事业。不仅是一个企业、一个工作，不仅是利润和薪水，还有对社会的贡献，对人们的同情和帮助。这就把商业和社会责任结合起来了。而且，这是真正的结合。因为结合点就是他的日常工作和产品或服务。

对于当今的企业界来说，需要把商业、利益的心换成一颗怜悯、同情的心。

企业关心人们生活中的艰辛、困难，不仅是一个美好愿望和理想，或一种道德说教。滴滴出行总裁柳青讲的一个故事得到实证。

那个要走的女孩是一个非常优秀的行政人员。我很惋惜地问道："你为什么要走呢？做得这么好。"她说："呃——我怀孕了……"我就说："怀孕不是问题，我们对福利和员工待遇都是非常重视的呀。"她说其实是一个关键问题困扰了她。

"我家住在北京的南城……"

她说出一半的时候我就明白了。因为从南城到滴滴出行，每天在路上要花将近三个小时。

她需要换乘两次公交车，再乘坐地铁。在高峰的时候地铁对于普通人来说乘车都是一种痛苦，更别说孕妇了。

从字里行间能看出，柳青对上班族及这个孕妇在上下班时乘车的艰辛和痛苦的感同身受和同情。她就是在解释滴滴出行是怎么解决人们生活中的困难、痛苦的。从这个角度看，这个业务本身就是一个善举。同时，也让我们看到做企业的人具有一颗怜悯、同情的心。

因此，对行业理解的核心，就是对人们生活中苦难、艰辛、烦恼、恐惧等的理解。然后，这样的企业所做的业务本质就是对人的同情和帮助。这样的事业、这样的企业、这样的人，又怎会不成功呢？

对这个说法的认同并没有太大的意义，关键是，我们的仁慈之心、怜悯之心、同情之心、柔和之心、爱心就此苏醒了吗？

对这个说法的认同并没有太大的意义，关键是，我们的仁慈之心、怜悯之心、同情之心、柔和之心、爱心就此苏醒了吗？

如果是，企业就有福了，消费者即我们所有人都有福了。因为有了更多的有良知、有正义感的人做企业。山寨、偷工减料、不择手段、低效的企业越来越少，创新、认真负责、高效、高品质、高质量、一丝不苟、兢兢业业、深刻思考的企业越来越多。

6. 自私，推动人类进步

> 我自己必须先给予别人他们想要的东西，我才能得到我想要的东西。这个源自自私的原则促进了人人必须努力做好自己的东西。

"不论是谁，如果他要与旁人做买卖，他首先就要这样提议。请给予我想要的东西吧，同时，你也可以获得你想要的东西，这句话是交易的通义。我们所需要的互相帮忙，大部分是依照这个方法取得的。我们每天所需的食料和饮料，不是出于屠户、酿酒家或烙面师的恩惠，而是出于他们自利的打算。"

这是亚当·斯密在《国富论》中说的一段话。这就是所谓的资本主义自私自利的含义。**但是它蕴含着一个积极的、理性的、正义的甚至善的因素，即我自己必须先给予别人他们想要的东西，我才能得到我想要的东西。这个源自自私的原则促进了人人必须努力做好自己的东西。**

这也是市场竞争的基本含义。**品牌、质量管理、创新、效率（低价）、服务、公司治理、企业文化等，在竞争者们互相的刺激、压力下，不断地提高、进步，走向卓越。直至企业互相竞争着谁更慈善、谁更正义、谁更有社会责任感。**

人类的这种自私，确实是在推动着人类的进步，推动着人类走向文明。

而我们呢？恐怕是在肤浅的道德说教下，在幼稚、脆弱的心灵境界下，不情愿承认人的自私性。我们闭目不看自己的自私性，却时刻做着自私的事，让我们错失了一个最宝贵的促进人类进步和文明的机会。也就是说，越是不承认自私，越是在观念上对抗自私，就越会走向自私和黑暗（极端的损人利己式的自私）。

虽然我们有了市场和企业，但是我们骨子里却还停留在动物性的自私阶段。这其实还是抢夺式的丛林法则，而不是奉行市场的力量。我只要我想要的东西，却不想给你你想要的东西（你想要的东西我也要）。我的，是我的；你的，也是我的。因此，盛行假冒伪劣、不择手段、污染环境、血汗工厂、食品安全等问题，就不足为怪了。

比如，在思考产品定价时，出发点是自己的利润，还是给消费者提供的价值？以产品的价值定价，意味着企业非常清楚自己的产品给人们提供了多少功效（包括一切消费者需要的元素），清楚这个功效在市场上（有竞争者的对比）值多少钱，那么就应该以此定价。

这是合理的、公平的、诚实的、善良的、正义的定价。从成本定价法到价值定价法，这本就是人类走向进步和文明的表现。虽然这是由人类的自私心、自利的打算下推动的。

从另外一个角度看，员工努力工作不是为了企业利益，而是为了自己，自己的生活、自己家人的幸福。就如老板做企业也是为了自己生活的幸福。这本来就是一个事实。因此，忽悠员工为企业利益而工作是不道德的。也就是说，我努力工作是为了让我的生活更幸福，而不是为了让老板的生活更幸福。

> 虽然我们做不到让公司和工作比自己重要，做不到让消费者比自己重要，做不到让同事比自己重要，但是我们可以从不顾别人、通过榨取和压迫别人而获得私利的生存模式里走出来，转向一种新的模式：我通过满足别人更好地获得私利。

从另外一个角度看，员工努力工作不是为了企业利益，而是为了自己，自己的生活、自己家人的幸福。就如老板做企业也是为了自己生活的幸福。这本来就是一个事实。因此，忽悠员工为企业利益而工作是不道德的。也就是说，我努力工作是为了让我的生活更幸福，而不是为了让老板的生活更幸福。

这本是人世间、人心里显而易见的事实。但是无知的、幼稚的心智，使我们陷入黑暗的生活里。

我们活在一种诡异的生活里。所以老板们、管理者们利用这个不好意思唱着高调谋私利，员工们把工作向着破坏性上去做。虽然我们做不到让公司和工作比自己重要，做不到让消费者比自己重要，做不到让同事比自己重要，但是我们可以从不顾别人、通过榨取和压迫别人而获得私利的生存模式里走出来，转向一种新的模式：我通过满足别人更好地获得私利。

通过为公司做出贡献、工作做得出色而得到升职、加薪、上级的称赞，通过真诚地协助同事的工作而让自己的工作更顺利，通过让消费者满意的一次售后服务而赢得销量（顾客更多次的购买）。

这是更善、更智慧、更文明的一种生存模式。

7. 越满足顾客至上，利润越大

在生活中我们会遇到两种公司：一种是只顾自己挣钱，将消费者视为赚钱的工具；另一种是通过更好地满足消费者的需求而赚钱。显然，在同等情况下（甚至即便价格略高），我们应该尽量购买第二种公司的产品、服务。支持他们，就是支持善，也就是支持我们自己。

这就好比一家超市。它设计和管理商品分类是为了吸引顾客、更好地满足顾客对这个商品分类的需求，还是为了拉高自己的毛利呢？这里潜藏着价值观的差异，也就是善与恶的差异。

前者的思路是，我要怎么做才能吸引和留住更多的顾客？比如低价、促销、商品丰富、新品上架快、陈列合理、商品品质好等，以及卖场整体的环境、卫生、服务态度、服务政策等的支持。还有在每一项优势上，比如低价里，都有采购、谈判、库存管理、订货系统、物流管理、人员培训、绩效激励及企业文化、企业做事公正等一系列内部管理上的支持。但是，这一切都是为受到吸引和保留更多的顾客这个出发点引导的。

关注吸引和留住顾客对超市还有着特殊的含义，即提篮率。因为做好每一个商品分类其实都是为整个超市做出贡献。比如，超市虽然是靠鸡蛋、牛奶、袜子、内衣等商品的低价吸引了顾客，虽然这些商品的利润很低，但是顾客也许还会买电视、蔬菜、面包、拖把、洗发水、毛巾、洗衣粉、牛仔裤、浴巾、透明皂、饼干、可口可乐、果汁、文具、象棋、篮球等几万个商品（沃尔玛在美国一家门店里有十几万个商品），在欧洲家乐福的店里还有自己的餐厅和汽车修理店。

超市的利润来自所有商品。也就是说，**越是将注意力放在满足顾客上，超市的利润就会越大。**

而把注意力放在赚钱上的超市，就会在乎每个商品、每个商品分类是否赚钱。也就是说，他们会在每个商品、每个商品分类上榨取利润。与前者让顾客处处感到开心的超市相比，这样的超市就会让顾客感到处处不开心。比如，这样的超市是不愿意为顾客退货的（这与他们的价值观是相违背的）。最终顾客会越来越少，他们损失的不仅是某个商品、某个分类上的利润，而是这个顾客需要购买的所有商品上的总利润。

零售业只不过是由于距离顾客最近和组合商品的特点，使这两种价值观的企业的得失表明得更清楚，其实所有的行业都是一样的。只顾赚钱的企业，实际上从一开始就走在自我削弱、自我灭亡的路上。

要走出这个错误的、黑暗的经营方向，需要智慧之光照进心里。

8. 在经营活动里加入善的盐

"'荷兰公益品牌 Earth Water 进军中国：真爱不孤独'作

为荷兰的水公益理念倡导者，Earth Water 在品牌发布会上承诺将 100% 的净利润用于可持续清洁水项目，为缺水地区提供清洁水设施。"

虽然荷兰这个品牌是公益性的，但是它同样要努力取得人们的信任和支持，需要被知道，需要被接纳。它为宣传所做的努力，实际上显示着一个企业做宣传的新方向：**现在及将来，成功的宣传，或者说容易被大家接受的宣传，一定是企业、产品或服务与公益、公众的事情有关联的。**

> 现在及将来，成功的宣传，或者说容易被大家接受的宣传，一定是企业、产品或服务与公益、公众的事情有关联的。

传统的宣传的思路是，我有一个好产品，真的是满足一种需求，所以就会宣传，告诉消费者。这已经是很正派的行为。但是，现在看来还是有问题，即这种思路的背后是自私。但是，赤裸裸的利益为先的时代将要过去，人类开始有了更无私的眼光、境界。

可以说，产品很好，业界领先，也很好地满足了人们的需求，可是企业还是想得到更多。比如，有没有想过，产品制造过程、原材料的制造过程、运输过程、回收等环节，是否有污染环境、耗费过多的资源等事情呢？

利润率是否太高了，这是不公平的？

对员工的福利待遇是否更仁慈呢？

对工厂周围的社区有贡献吗？

公司很赚钱，但想到过贫困地区的人们吗？

最后，是否想到过社会的公平和正义问题？

……

假设你是做健康产品的，你不能只宣传自己的产品是为了大众的健康。如果你告诉人们企业还做了很多社会性的工作，比如环保，对残疾人士、贫困人士的帮助，那么人们就会感受到你说的关爱健康是真心的、可信的。否则，谁都知道你说是为了大众的健康，但真实的想法是赚钱。

也就是说，现在，企业要给自己的经营活动里加入善的、正义的"盐"，要在赚钱的自私性里加入滋味。因为人们的口味提高了，想要在自私的汤里品尝到善和正义的美味。

这就是企业改进的方向，让企业常青的方向。

9. 开发理念客户

真正的高水平地开发客户是开发那些带着一种理念经营的客户。

有些公司是大众化、同质化、山寨产品、低价竞争、只关注物质化的、实态的产品或服务的，它们的核心是销售。这样的公司太多了。

理念意味着精神世界。比如，有些公司重视服务的高品质，也就是人性化、懂得尊重，它们的产品或服务进入人们的内心世界。它们给的不仅是一个产品或服务，而是顾客内心的满意、快乐、开心、欣喜、感动、惊叹。如果你公司的产品及服务也具有这种理念，那么它们就会为你带来客户。也许客户自己都没有意识到你的产品会给他带来什么样的促进他的服务品质提升的机会，你的到来给他们的是惊喜。那么，谈判、合作等事宜还不是水到渠成、一拍即合吗？

以是否持有一种理念经营作为选择客户的准则，这才是营销的真谛。

以是否持有一种理念经营作为选择客户的准则，这才是营销的真谛。这样的公司才是善的公司，也给社会带来积极、光明的力量。

这同时还涉及教育客户的问题。

比如，一家搬家公司很重视服务质量，它甚至想到在搬家后要给住户做一次空气清新处理，这真的是了不起的人性化的营销想法。假设厂家将这个服务方式告诉他的客户（如另外一家搬家公司，而且它强调高品质服务），这就是教育了它。

宝洁作为全球品牌，它把在欧洲家乐福看到的做堆头的零售方式告诉了美国的沃尔玛，沃尔玛立即采用。现在，做堆头已经是零售业的基本促销方式。宝洁公司传递的不仅是一个简单的信息，做堆头在当时就是一种崭新的、有效的零售方式。

这一家制造商教育了零售商。这样的关系才是更紧密的、共赢的、友善的、帮助的。自然的，双方合作的焦点就不是在争论费用了，而是一起面对如何更好地服务消费者。

只有我们先具有了理念（经营上的），才能教育客户，才能赢得客户的信赖和感激、支持、回报。一个美好的、文明的、人性化的理念，在企业间、供应链间、产业链间的传递，不就是在传递美好、文明、人性化吗？

10. 如何宣传自己的好

无法宣传真实。因为被认为是真实的本质就是眼见为实。比如"我是诚信的"，这是可笑愚蠢、无知的。我说"我是诚实的"，这是典型的自证陷阱。没有任何意义。凡有一定思考能力的人，都能看透这一点。反映在行为上，他就不会信任何"我是诚实的""我说的是真的"类似的话，他认为这么说是荒谬的。

如果真的好、优异出众、善意，那么这个人、这个企业在任何时候的一言一行都是在表达好、优异、出众、善意。而这些行为才是真正的宣传。因此，广告、宣传的内容就是让人们知道自己的这些行为。

现在的社会缺失诚信，所以很多企业就必须证明自己的产品具备货真价实或优异的品质。（因为在说谎已经不受良心的责备下，假冒伪劣产品也同样会宣称自己是优质产品。消费者怎么辨别真假呢？）但是，以广告的形式说自己好，就是掉入了自证的陷阱（更别说人们也慢慢意识到"自卖自夸"是多么的幼稚和可耻，是让人脸红、不好意思的事情）。

如果真的好、优异出众、善意，那么这个人、这个企业在任何时候的一言一行都是在表达好、优异、出众、善意。而这

些行为才是真正的宣传。因此，广告、宣传的内容就是让人们知道自己的这些行为。

比如，一家企业说自己产品的质量高于行业平均水平是没有说服力的，如果说自己的产品保质期比行业内的企业都长，对产品质量来说就有信服力了（保质期长意味着企业对自己产品质量有自信）。

11. 科技中的人性

新科技往往包含一种新的思想观念、思维模式。这意味着旧的思想观念将会被淘汰。当然，其实是要淘汰那些仍然抱有旧思想观念、旧思维模式的人。

从现今的时代来说，所要淘汰的是只顾自己挣钱即物质化的思维模式，代之以合作、共享、同情、理解、艺术性、美、正义、公平、尊重、体面、正派的价值观。

> 从现今的时代来说，所要淘汰的是只顾自己挣钱即物质化的思维模式，代之以合作、共享、同情、理解、艺术性、美、正义、公平、尊重、体面、正派的价值观。

比如，Uber 专车的关键优势之一是司机的高素质。高素质意味着更懂得尊重、体面、正派、礼貌、得体、热情等。而这恰恰是传统出租车司机所缺乏的。因为人们乘出租车时存在对尊重、礼貌、文明、守规则、诚信的渴望，以及对不文明、不守规则、态度蛮横、拒载等的不满。

因此，真正打动人心的是司机的高素质。那么，其业务的重点就不是技术或模式（这只是手段），而是人的素质、素养、品质，即人性的觉醒程度。

当然，专车司机也同样存在素质不高的问题。只不过由于专车司机被推上更市场化的地位，与出租车司机相比，他们没有出租车公司这样的"组织"为后盾的安全感，因此，他们就会有更高的服务意识，更低调、更礼貌、更尊重的态度。

再如，利用社交网站营销，意味着不再是企业对消费者的单向交流的推销观念，而是**把营销当作与消费者双向交流的交朋友**。也就是说，如果一家企业没有与消费者交朋友的观念，那是做不好社交网站营销的。

12. 中国企业缺少的环节

国内企业其实从开始就缺少了一个环节：思考。

国内企业其实从开始就缺少了一个环节：思考。

任何一家企业建立之初，都应该对行业、市场、消费者需求、产品及自己的特征等进行思考。不是出于功利心的思考，而是哲学式的思考意义、价值、性质、本质。缺乏这些深层的思考，意味着只能模仿、只能看见眼前的、谁都看得见的市场机会。同质化竞争、价格战、无创新等就是自然的结果。

做饼干、麦片、牛奶、豆浆等早餐食品，就有必要思考"早餐"的本质，而不仅是餐饮习惯等。比如，早餐在人们（某个市场上）生活中的定位、意义、价值是什么？营养、习惯、解饥、好吃、口味、生活情趣、应付、随便或非常重视，等等。

而且，这种哲学式思考应该是经常性的，至少一年一次。这类似于制定公司战略。

思考错误了，危害立即出现。思考肤浅了，顾客会慢慢流失而自己不知道。

思考不是技巧问题，而是对事情的关心、关注程度，是一个人的注意力的投入程度。全部投入注意力，这就是思考，真正的思考。

> 思考不是技巧问题，而是对事情的关心、关注程度，是一个人的注意力的投入程度。全部投入注意力，这就是思考，真正的思考。

其实，还缺少一个环节，即做人的正直。

我们绕过了正直而一下子跳到"善"上。在我们的思维模式里没有把正直、正义与善联系在一起。但是，不谈正直的善，这不是一种功利性的及自我救赎、求宽慰式的伪善吗？这就如给山区捐款，却在盘剥员工的企业，怎么能说是善呢？一个孝敬父母的大孝子，却欺压邻居，开车撞人后逃逸，他又怎么能是个善人呢？

正直不是道德，而是良知，是精神领域的事物。

我们总想用提倡道德来弥补正直、良知，然而，得到的只会是伪善。正直必然是来自对信仰物质利益及自私的超越，是一个人生命的核心由物质、自我的满足转向精神世界。只顾自己利益的人，无论如何也做不到正直。

由不正直的人组成的企业，它的行为也就不言而喻了，就是我们常见的为了私利而不择手段。这些企业时刻在危害着社会。虽然它富足了企业主个人和高管，并解决了几百、几千人的就业，但它危害了更多的人。因为它的利润是来自对消费者的盘剥，以及环境污染、资源浪费、效率低下。

企业如果不补上这两个环节，它就是在疯狂谋求私利下祸害社会。一个是不知不觉下的危害即不思考，另一个是有意识的危害即不正直。

13. 营销的本质是创造价值

广告中的产品信息不算是创造价值，而广告中的人性化、艺术化因素将会带来美和价值观的共鸣，这就创造了价值。

在互联网、移动互联网的时代，人们获取信息的能力极大地增强了，这使营销的本质更加趋向于创造价值，也即提供消费者真实需要的商品。

比如，品牌还像过去那么有价值吗？人们对品牌的虚荣心的要求在弱化，而且**对品牌的认同价值，更倾向于内心的价值观、感受、生活方式的一致。**

再如，外观高档也不一定意味着有价值，而是外观的艺术性。

广告中的产品信息不算是创造价值，而广告中的人性化、艺术化因素将会带来美和价值观的共鸣，这就创造了价值。

茶叶的高档包装不是价值，而茶叶中包含的故事、价值观（真实的）是价值，比如这些茶使种茶人脱离了贫困，这个故事就包含着同情、平等的美好价值观。

随着物质的丰富，人们自然就走向对精神事物的追求。因此，人们的价值观（认为什么有价值、什么没价值的看法）在改变。人们更重视生活里的真实需求和内心的价值观、情感、审美的需求。因此，营销的重点也必然随之改变。

比如，为什么现在"体验"这么被看重？这正说明人们重视产品或服务的真实性，而不是虚幻的、虚荣的属性。这犹如与一个有文化、有品位的人一起喝茶和与一个俗人一起喝茶的差别，同样的茶，内心的体验是截然不同的。而现在，人们需求的是内心感受的惬意的体验，而不是茶叶本身的体验。

14. 零售商的内疚

虽然由于电商的发展，超市的影响力日渐式微，但是对于很多行业和企业来说，超市仍然是最重要的销售渠道。对于很多企业来说，超市仍然具有强势地位，至少是与电商平等的地位。因此，企业还是不能像对待经销商那样保持优势、指导及下达命令的姿态，要么谈判、商讨，要么祈求、讨好。

当遇到问题时，企业只能试图去说服他们，或者用讨好的方式打动他们。对于正常的商业问题当然没有什么可说的，可是，当超市的品质（超市的道德水平、价值观）和管理出现问题时，情况就复杂多了。

比如，如果超市采用允许退货政策（或者与某家供应商的谈判结果是允许超市退货），那么，对于那些以自己盈利为核心即秉持单赢价值观的超市来说，他们自然会倾向于多订货、多保持库存，这样就减少了缺货，也就减少了不必要的销售损失。但是，超市的不缺货，以及由此得到保证的利润，是建立在供应商承担退货所带来的利益损失的基础上的。这些退货蚕食着供应商的利润。

供应商能够通过谈判或讨好解决这些问题吗？能够说服超市改为"不退货"的政策吗？当超市自知自己的订货管理很差劲，或者懒得精益求精不断改善订货管理、库存管理，或者只顾自己的眼前利益而丝毫不在乎供应商的死活，他们就很难被说服。因为在这种情况下，改变为"不退货"政策无异于将供应商原来在退货上损失的利益转变为自己的损失了。

> 双赢的价值观、良知和明晰了是自己的问题后的内疚，才是谈判、协商解决这个问题的基础。

谁会做这种傻事呢？这是谈判和讨好就能解决的吗？除非超市真的具有双赢的价值观，看到了由于自己的管理落后而增加了供应商的成本后深感内疚。**双赢的价值观、良知和明晰了**

是自己的问题后的内疚，才是谈判、协商解决这个问题的基础。

本来超市应该在战胜其他超市后获得更大的市场份额而有更好的盈利能力，供应商也应该是在产品和品牌上优于竞争对手后占据更大的市场份额而有更好的盈利能力。但是，**双方都没有把注意力集中在市场上、消费者身上、竞争对手身上及内部管理上，在低效、低能中，走向最简单直接的向合作伙伴抢夺利益的方向。**

双方都没有把注意力集中在市场上、消费者身上、竞争对手身上及内部管理上，在低效、低能中，走向最简单直接的向合作伙伴抢夺利益的方向。

很清楚了，这就是当今供零关系的核心问题所在。这不是管理、营销、模式的问题，而是价值观、道德水平的问题。供应商应该如何化解呢？除了搞关系这条路之外，还有别的办法吗？

供应商能给超市上一堂道德和价值观的课吗？恐怕不能。因为供应商自己有更高的道德水平和双赢、公平、正义、正直的价值观吗？

当供应商指出超市在低水平和不负责任的订货和库存管理水平下采取的退货政策的不正义性时，自己的经营行为和思想是否源自正义呢？

供应商是否在不断地提高订货和库存管理水平呢？还是在忙着搞关系，以及炫耀财富的傲慢或热衷于投资新的、更高利润的行业呢？

我们是否把精力、心思放在订货和库存管理中，持续地改善并精益求精？

只有自己做到了，才能去指出超市的退货政策和订货、库存管理问题，指出超市的不正义性，并进一步帮助他们提高订货和库存管理水平。这也是沃尔玛和宝洁等协作推动品类管理和供应链管理的初衷。

> 供应商如果不关注自己的道德水平和合乎人性的价值观的培养，以及对核心业务和管理上的精益求精，就不可能解决这个问题。

所以，解决之道还在自身。**供应商如果不关注自己的道德水平和合乎人性的价值观的培养，以及对核心业务和管理上的精益求精，就不可能解决这个问题。**一旦供应商具有正义、正直、公平的价值观，在管理上精益求精，将注意力始终关注在核心业务上，超市自然会像尊重宝洁、联合利华等世界 500 强企业那样尊重自己的。此刻，谈判才会成为常规的解决合作问题之道。

专注于核心业务，在管理上精益求精，培养合乎人性的价值观，这本来就是企业的善和正义。而且，与捐款等做慈善相比，这才是企业彰显本分的真善。

现在的单赢、自私、唯利是图、你死我活的供零关系就是因为我们缺失了合乎人性的价值观，以及在管理、经营上不专注、不精益求精的恶果。自然，实力弱的一方就是吃亏的一方。这不就是典型的动物世界中的丛林法则吗？

人类的意识在进步。我们跟上了吗？还是仍然在互相争斗、敌视、疲惫、恐惧的态势下谈判、合作，并且在互相的争

夺中耗费创新、活力、效率、效果、资源，以及工作、生活的
幸福感？

15. 产品比营销重要

"如果你的产品需要广告或营销人员去推销，就说明你的
产品还不够好：科技应用于商业应该主打产品开发，而不是分
销。在泡沫年代打广告显然是浪费，唯一持久的成长是爆发式
成长。"

这是硅谷创投教父、PayPal 创始人、Facebook 第一位外部
投资者彼得·蒂尔在他的书《从 0 到 1》
中写的，他亲身经历而总结的硅谷企业
家失败的最大教训之一。

很多企业并不是技术不好，而是对
产品的研究、思考不够深入。也就是
说，在新技术的有利背景下，在思考产
品时却落入俗套。

> 真正好的产品是只要
> 放在人们面前，人们
> 就会眼前一亮，就有
> 买的欲望。

**真正好的产品是只要放在人们面前，人们就会眼前一亮，
就有买的欲望**。但在看到这个产品之前，人们是意识不到有这
个需求的。这就是崭新的产品、创新产品的含义。只要人们与
其他产品进行比较，那么，这就不是真正意义上的创新产品、
新科技产品。

重视营销也是企业的自然反应，毕竟公司有生存的压力和担忧。但这是一个信念的问题。因为**过早地向生存妥协，即意味着开始忍不住依赖营销而减弱对产品开发的关注，就是失去科技公司、创新公司的核心。**

> 过早地向生存妥协，即意味着开始忍不住依赖营销而减弱对产品开发的关注，就是失去科技公司、创新公司的核心。

不过，关键还是思考产品、探索产品、开发产品的基本思路问题。我们对产品开发的理解太局限，或者说太肤浅。可以这么说，产品开发，即思考产品、探索产品，必须站在哲学、宏观的经济背景、对人的生活和内心的深入洞察和理解的基础上。没有这些，思考就是肤浅的。而肤浅的产品，就弱化了科技创新的价值。

怎样站在哲学、洞察人性等的深度思考产品？

这不是学习哲学的问题，而是将注意力全部放在科技和产品上（几乎不看市场、竞争对手、制造和成本甚至消费者一眼）、盯住它、不停地思考它的单纯的心，以及致力于做一件事的信念。也就是说，单纯和信念的品质，才是创新、创业成功的关键。

> 单纯和信念是高贵的人的品质。他们关注的焦点并不是成败得失，而是做事情本身。

相对的，功利心就是创新和创业的障碍。在功利心下，必然重视营销（慢慢地总会把注意力转向营销）和患得患失而失去坚守。

单纯和信念是高贵的人的品质。他们关注的焦点并不是成败得失，而是做事情本身。这本就是高贵。因此，我们先要做的是，把自己的功利心连根挖出来，然后弃之如粪土，避之如毒蛇。

16. 已被淘汰的经营理念

满足顾客需求，这是企业的根本任务。可是这个理念的地位现在不那么高，或者，它已经不是促使企业成功、发展和卓越的根本因素。这是因为对于顾客已知的需求来说，随着企业间的互相学习和模仿，差不多都已经被满足了。剩下的只不过是在细节上的、小差异化上的改善和竞争。

比如，搬家公司，人们对搬家公司的需求是什么？大致上是快速、服务好、价低、安全等。然后，延伸出诸如利用微信、微博与顾客沟通、服务回访等，在技术上提高服务水平。可是，搬家公司都可以这么做。对于学习和模仿来说，对哪家也没障碍。

但就是在整个市场的平庸中，还是能看到、听到惊喜、惊奇、令人振奋的事情。比如，广州的一家搬家公司在发现客户房子是新的时，第一件事是给房子除甲醛。他们的员工戴着口罩做甲醛测试，带着专业的设备和除甲醛的吸附剂，显得认真和专业。

这家搬家公司提供的服务实际上是超越了顾客所需要的，超出人们的想象怎么能不被欢迎呢？

所以，现在的经营理念应该是开发和满足超出顾客想象的需求。

所以，现在的经营理念应该是开发和满足超出顾客想象的需求。我的产品或服务是客户想不到的，但又是很需要的。这才是企业发挥聪明才智的地方，才是企业用心在顾客、在人们的生活中的表现。**仅仅满足顾客已知的需求，那是落伍的、平庸的、不思进取的、只顾赚钱的自私的企业。**

> 仅仅满足顾客已知的需求，那是落伍的、平庸的、不思进取的、只顾赚钱的自私的企业。

一件冲锋衣，耐低温、耐高温、防水、防风、保暖、透气、易干、防蚊防虫、耐磨坚实，款式时尚、合身、穿着舒适，还环保（使用废弃的化学材料），而且价格仅是同类产品的三分之一。这就给消费者带来了惊喜。乔布斯从信封里拿出MacBook Air 时，不得不让人惊呼。

这不是让我们只知山寨、复制、抄袭的企业汗颜、羞愧吗？**我们只是追求怎么赚更多的钱。我们不愿意走通过让消费者满足和喜悦而赚钱的经营之路，因为这太慢了，我们只抓眼前可见的利益。因此，我们的企业就只会盯着现有的需求（现有的产品）。当然，在这个经营思路下自然会选择山寨模仿了。**

> 我们只是追求怎么赚更多的钱。我们不愿意走通过让消费者满足和喜悦而赚钱的经营之路，因为这太慢了，我们只抓眼前可见的利益。因此，我们的企业就只会盯着现有的需求（现有的产品）。当然，在这个经营思路下自然会选择山寨模仿了。

这就是我们的问题。**只怕失去眼前的，所以无暇顾及以后的，这是内心贫穷感的反映。**也就是说，不管我们有多少钱，内心里还是个穷人。我们有失高贵。我们的下一代会是高贵的人吗？我们怎么才能得到一颗高贵的心？

只怕失去眼前的，所以无暇顾及以后的，这是内心贫穷感的反映。

17. 尊重的本质是以人为目的

互联网经济的核心是以人为本，即以个体的人为核心，而不是消费者这样的概念，以及如市场细分这种漠视人的传统的营销思路。称一个人为消费者或某类人，是对人的不尊重。人性正在觉醒的人们，就会意识到这是对自己的不尊重。这样的企业和产品自然会被淘汰。

作为消费者，是如何感觉到被尊重呢？显然是，企业不再把消费者当作自己赚钱的工具，而是把他当作一个人来看待。

因此，**什么是以人为本？其核心是尊重。**

作为消费者，是如何感觉到被尊重的呢？显然是，企业不再把消费者当作赚钱的工具，而是把他当作一个人来看待。

比如，一家企业认为利润、产品、品牌、质量是目的，一个员工认为自己的工作是目的，一个经理认为绩效是目的，这都没有把消费者当作人来看待。虽然他们的目的都间接地为了消费者，但本质上消费者还是他们自己的目的的工具。这是传统企业的思维模式。

尊重人的企业的思路是：

为了消费者的健康，所以必须保证产品质量；

我为了人们的健康，所以要融资、保持利润，才能有钱研发出更好的产品；

我把产品推荐给他，是因为这个产品真的会让他更健康，等等。

企业内部的管理也一样，而且能更直接地表现出对人尊重与否。传统企业认为员工是企业生存发展、获利、满足消费者需求的工具、手段，虽然也在不断地提高员工待遇，建设更友好的企业文化。而有尊重意识的企业认为，员工本身就是企业的目的。员工工作，拿工资，然后让自己的生活更幸福，这就是企业的目的。

企业的生存发展、赚钱，就是让员工有更幸福的生活。

从表面上看，也许他们的行为差不多，但是从长久看，活得更好、能持续发展的企业必然是后者。这种内心的出发点的差异，其实就是目标的不同，企业也就自然地走向了不同的道路。

一个意识觉醒的人，他对谁能不尊重呢？他尊重遇到的每个人。他面对客户时，客户就是他的目的；他面对下属时，下属就是他的目的。

因此，尊重的本质就是以人为目的，而不是把人当作实现自己目的的工具。

就如孩子不是父母传宗接代、实现自己未实现的梦想、荣耀自己、让自己的人生完整的工具，孩子是他自己。他是自己人生的主角，而不是父母人生里的一个配角。一个懂得尊重的父母甚至会谨防将自己的价值观（即便是好的价值观）强加给孩子，此刻父母传递给孩子的不正是最美好的价值观之一——尊重吗？

> 孩子不是父母传宗接代、实现自己未实现的梦想、荣耀自己、让自己的人生完整的工具，孩子是他自己。他是自己人生的主角，而不是父母人生里的一个配角。一个懂得尊重的父母甚至会谨防将自己的价值观（即便是好的价值观）强加给孩子，此刻父母传递给孩子的不正是最美好的价值观之一——尊重吗？

我们是一家尊重意识觉醒的企业吗？否则，以人为本、互联网经济就都是空谈、口号而已。

18. 互害的破解

在不正常的市场上，赚钱、成功靠的不是智慧和良知，而是关系和黑恶。那么消费者就痛苦了。可是，每个人既是工作者又是消费者，所以我们是在互害中。

期待着他人先改变或社会先改变的想法是愚蠢的、低智商的。不仅是由于坐享其成、不劳而获的阴暗心理，主要是意识不到自己有问题，而习惯性地把问题指向他人、社会。

怎么打破这个互害的运作链条呢？只有让自己这一环先断开，先唤醒自己的良知和智慧，以正直和仁慈而工作。**期待着他人先改变或社会先改变的想法是愚蠢的、低智商的。不仅是由于坐享其成、不劳而获的阴暗心理，主要是意识不到自己有问题，而习惯性地把问题指向他人、社会。**

所谓的愚蠢其实就是对自己的完全无意识。这样的人不会意识到要改变自己，同时也意识不到自己想要坐享其成。别人不是也会这么想吗？那么谁去改变社会呢？

比如，我们抱怨别人超车不文明，但是却在自己超车时内心知道自己有急事。实际上，我们根本意识不到别人超车也很有可能是有急事。再如，我们在生产假冒伪劣产品、污染环境的工厂里工作，会认为自己是无可奈何的，因为要生存、要养家糊口。可是，出门就抱怨雾霾和超市里买的蔬菜里有农药或缺斤短两。

也就是说，**所谓的愚蠢其实就是对自己的完全无意识。这样的人不会意识到要改变自己，同时也意识不到自己想要坐享其成。别人不是也会这么想吗？那么谁去改变社会呢？**

西方的科技和文明的成果我们已经坐享其成了很多。但是谁的事情，谁最终要负责任；谁的苦难，最终只能由他自己承担。他们无法把我们从对自己的完全无意识的黑暗、愚昧里唤醒。

我们如何从智慧里苏醒呢？让我们能够站在自己所施的行为的对象的视角去看、去感受、去思考。比如，当我们压制下属发表意见时，是否能去感受被压制的心情、感受、想法呢？

此刻，我们的心就会柔和。

智慧表现出来，看起来一定是柔和的。

19. 不为虚荣、傲慢花钱

今后，**为了生意而生意的商业观念将会被淘汰**。更多的公司会以推动社会进步为己任、为责任、为业务，而不是拖后腿。

> 为了生意而生意的商业观念将会被淘汰。

比如，一家社区超市可以以选择、采购本地蔬菜为己任，选择更安全的食品，优先雇用本社区员工（不是为了降低人力成本，而是为了社区的就业。普通人、小公司无法为全国的就业问题做什么，但是本社区的就业问题却是我们天大的事情），等等。

英国的"人民超市"让社区居民投资入股，并轮流当员工，与居民代表一起开会讨论商品政策、采购政策，等等。超市与居民融为一体。

迪卡侬、优衣库打破人们对运动服装和时尚服装的定义。

他们说：你们要的是运动的专业性（如防水、防蛇咬等）、舒适性、安全性、健康性，社会责任感如环保，时尚性，潮流的设计和面料、颜色，然后是便宜，而不是品牌及其带来的虚荣心、炫富心、傲慢心。**不要为虚荣、傲慢花钱，而是省下打品牌的广告费等附加的钱去做更有意义的事情，这才是更高贵的生活。**

> 不要为虚荣、傲慢花钱，而是省下打品牌的广告费等附加的钱去做更有意义的事情，这才是更高贵的生活。

德国的阿尔迪超市几十年来一直保持 900 个单品，它的思路是：我给你最优质的生活必需品，然后为了不损失自身利润还能给予更低的价格，那么你得放弃一些对商品多样化的要求。你愿意吗？作为顾客自然会说：**"我就是买瓶醋，为什么要给我 10 种选择呢？我要的是更便宜、更好的醋，不是更多品牌、种类、口味的选择。也许 4 种选择就足够了。"**

> "我就是买瓶醋，为什么要给我 10 种选择呢？我要的是更便宜、更好的醋，不是更多品牌、种类、口味的选择。也许 4 种选择就足够了。"

超市的努力与顾客的理性共同推动了资源的节省和生活质量的提高（阿尔迪超市为顾客省下买必需品的钱，就可以用在其他的地方，如教育、旅游）。

卓越和有责任感的超市、厂商，在推动社会的进步和生活观念的更新、生活质量的提高。但是，正直和仁慈的企业产生于正直和仁慈的大众里。

为了求得那样一个有福的社会，我们还不该痛心疾首地、跌坐尘埃里痛悔呼求吗？

20. 商业中的艺术性

艺术与商业结合，即商业中的艺术性，才有品牌形象、品牌价值、顾客口碑及销量和成功。**艺术连接着人性。这才是企业经营、营销之道。**

沉浸于产品功能等层次，不但表现了营销的低层次，而且是人性缺乏的表现。这不就是赤裸裸的赚钱的动机吗？产品中的人性、美德、良知、社会责任、公平正义等，必然是未来营销的方向。一个环保的水杯更有价值，而且一定会包含简单、自然的美的元素（很难想象一个利益导向的产品能有艺术性的美感和气质）。粗糙、丑陋的利益导向的产品，怎会有前途、有人喜欢而购买呢？

人性，艺术性，社会责任，一定是未来企业经营、营销的方向。公司内部也一样。你是喜欢一个整天说奖惩的冷漠、争斗的公司，还是喜欢一个充满艺术氛围，处处谈着人性温情的公司？当讨论产品开发时，环保、平等、关怀、美好，生活的品位，这些话题谁不喜欢？

> 人性，艺术性，社会责任，一定是未来企业经营、营销的方向。

而美、善、公平、正义，意味着幸福和喜悦。这不是物质满足的那种快乐、满足感。因此，**不管是商业，还是生活，幸福、喜悦源自我们每个人的心。而自己的心的转化，在于每个人自己。**

21. 不要利用人性的弱点

作为营销者、企业，可以这么看：只要抓住"傲慢、贪婪、懒惰、虚荣"等人性弱点，就能销售成功。

没错，完全正确。

问题是，假设不作为一个企业、营销者，而是一个人类，一个在生活里真实活着的人，我们还会认为这么做是对的吗？

我们会利用自己孩子的贪婪、懒惰、虚荣、傲慢吗？

我们是不是希望他们改掉这些缺点？

看看，我们都在做什么吧。

> 最大的恶是在人们的内心，外部世界只是内心的事物的投射。

最大的恶是在人们的内心，外部世界只是内心的事物的投射。我们很清楚这些道理，但是我们又能拿自己的心怎么样呢？

品类管理和JBP（联合商业计划，就是供零双方一起制订下一个年度的营销计划），作为供应商与零售商合作的最重要方式和工具，就是为了使供零双方通过它们把焦点放在更好地满足消费者需求上。但是，我们真正执行的却是"客情关系"。结果就是，供零双方不断地相斗、折磨、损耗精力、资金，而忽略了消费者。这都是在损害消费者利益。然后，我们还经常喊着"顾客是上帝"。

其实，很多人是意识不到自己是在利用人的"傲慢、贪婪、懒惰、虚荣"等赚钱的，这不过是无知。而有意识地利用人的弱点和堕落，就是无耻了。我们之中，又有多少人是有意识地在这么做呢？

为什么我们意识不到请客送礼、搞客情关系是贿赂，以及贿赂是邪恶的呢？

为什么意识不到收受贿赂而挖公司墙脚是偷窃、欺骗，以及偷窃和欺诈是邪恶的呢？

因为我们没有受到诸如"不能崇拜物质、不能崇拜自己、不能崇拜偶像，不能贪恋、觊觎别人的东西"的更深刻的启示。

更重要的是，我们缺乏对启示这些道德约束并执行裁决的信仰。

其实，很多人是意识不到自己是在利用人的"傲慢、贪婪、懒惰、虚荣"等赚钱的，这不过是无知。而有意识地利用人的弱点和堕落，就是无耻了。我们之中，又有多少人是有意识地在这么做呢？

22. 成为消费者中的一员

企业文化、价值观等建立的基础是深刻的。比如素食文化，仅仅口号式的、案例式的、理论式的说教及推动，谁都看得出来这背后的动机是什么。那么，谁会认为你真的是素食主义呢？真正的素食主义者会与你交朋友吗？深刻是什么？素食主义难道与动物权利、环保、宗教、人性化、人文精神、生死观等无关吗？

如何看待死亡？

如何看待灵魂？

如何看待一个人、一个动物或植物的生命？

如何看待地球，以及地球的持续发展在生活中的意义？

如何看待爱、友好、互助在生活中的意义？

我们有艺术素养吗（这意味着美，而即爱心）？

如果没有这些实质性的思考和行为，那我们宣扬素食主义的动机又是什么呢？

深刻，意味着你是真的。

我们有了爱心，意识到自己的行为对他人、环境的责任，你看到一个人或动物、植物的生命的唯一性即价值，也看到了动物流泪、伤心、恐惧，小动物对其父母的依赖，看清楚了死亡就是生活的彻底结束，自然就是一个素食主义者。那么，我们的每个思想、每个行动，都透露着对自然和生命的热爱和尊重。

记得电影《诺丁山》中那位女士只吃自然落下的水果。

她指着葡萄酒说，这是在谋杀葡萄。我不提倡这种有点极端的素食主义（实际上我非常尊重这种做法和观念）。而是说，我们是否看到了，什么是一个真正的素食主义者的行为、思想、价值观？它融入了她的生活中，不只是说说而已。她知道她的过激观念一定会引起很多人的抵触、惊异，被看作是怪人。确实，在电影中，她相亲失败了。

如果企业提倡素食文化，那就去接近他们、了解他们，深入他们的生活，尤其是观察他们的真实生活。甚至，成为他们中的一员。

这才是动真格的。

23. 看不见的策划

策划一个促销活动，一个新产品上市计划、一个广告，等等，这些策划工作很自然地被认为是必要的。因为它们是看得见的事物。最多质疑的就是策划水平的高低，策划公司的选择，策划人的名气，策划活动结果的评估，等等。**但是，很多企业却错失了最核心的策划。它们隐藏在深刻的思考中。**

这就是市场定位分析、消费者需求分析、新产品概念分析、细分市场分析、

但是，很多企业却错失了最核心的策划。它们隐藏在深刻的思考中。

这就是市场定位分析、消费者需求分析、新产品概念分析、细分市场分析、产品定位分析，等等。这些思想性的工作，在企业中当然是必需的。

产品定位分析，等等。这些思想性的工作，在企业中当然是必需的。但是，由于思考能力的肤浅及懒惰，常常把一些未经过深入思考、论证、讨论辩论、调查分析的想法（最典型的就是"点子"）就当作已经策划过了。

一般情况下，这也是老板、领导的个人想法。由于我们受到唯上的、等级观念、权威观念的束缚，也不可能对他们的想法进行充分的思考、挑战、讨论、反驳、质疑。这就使企业的运营处在肤浅的状态中。

这些重要的思考工作由于是无形的，是存在于人的脑子里的，不像人才、资金、产品、机器设备、厂房等可见，而且思考看似无须投资。这就使思考在企业及其经营管理活动中被有意无意地漠视、忽略了。

我们能像看见机器、资金运作那么具有真实性的看见思考工作的运作吗？这是我们对思考在企业里的重要性的觉醒。

没有思考过程，假设没有精确的市场定位分析，就可能进入错误的市场，或者不是最适合的市场，或者似是而非的市场（看着很对，其实是错误的）。比如，一个黄酒品牌它没有别的特点，就是低价，那么它应该进入哪个市场呢？当然是低端市场。但是若思考至此就是肤浅。低端市场多了，关键是要分析谁才是只认价格的人呢？他们不管质量、口感、包装、品牌、产地、购买场所等，他们喝得很多。那么，他们是体力劳动者吗？他们之中退休人员居多吗？等等。

如果缺失了认真可执行的市场定位分析，就意味着在进入整个市场。企业所有的资源就分散使用了，然后会感觉到总是不顺。不是被客户说价格高，就是被另外一个客户说质量不好、包装不高档等。最终无所适从，只能是换人（换销售员、销售总监）。

企业的业绩、竞争力就是这么一点点的、在无知无觉中丧失的。**做山寨产品其实就是不会思考、肤浅的直接结果。**

思考即理性是人之所以为人的最基本的特点，也是人走向文明、幸福（得到救赎）的依靠。思考使人由恶趋向善，趋向真理和美。

就如那个黄酒品牌，它在思考谁才是它的消费者，他们是谁、他们有什么生活特征、有什么需求等的时候，这不就是在思考如何帮助他们吗？

如果知道他们是体力劳动者、退休老人、文化素质不高的人及低收入人群，这不就是在感知辛劳、被歧视、贫穷、寂寞、空虚、孤独生活的没有希望和意义、无奈、认命吗？

那么，随之而来的不就是同情心、怜悯心的觉醒吗？

这不就成了一家富有同情心和社会责任感的企业吗？

一颗充满同情的心不是美的吗？

什么是思考？思考的价值和意义何在？至少，我们现在应该认真、静下来思考它们吧！

做山寨产品其实就是不会思考、肤浅的直接结果。
思考即理性是人之所以为人的最基本的特点，也是人走向文明、幸福（得到救赎）的依靠。思考使人由恶趋向善，趋向真理和美。

24. 渠道的衰落

人们越来越懂得产品知识，这得益于互联网的发展。人们在购买之前，可以在互联网上查到关于产品、品牌及这个商品品类的详细信息，当然最重要的是其他顾客的评价、留言。这意味着现在的顾客更有主见，即他们在购物时不易再受到商家的影响。

所以，**在营销、销售中的思考重点不再是促销、价格等，而是产品与消费者内心的互动**。比如，企业不仅考虑产品满足人们什么需求，还需要深入人们怎么使用、食用它，以及人们使用时的心情、心态、感受、情感、理想、价值观、美，体现着人们向往的某种生活方式，等等。

> 营销的重点不是让人们知道，而是让人们产生共鸣。

同时，营销的关键就在于，如何与消费者互动？**营销的重点不是让人们知道，而是让人们产生共鸣**。比如在电视广告中，演绎登山者的艰辛、克服困难的精神，也许是户外用品品牌引发消费者共鸣的有效思路。这就把消费者吸引到参与对产品的讨论中来。

这也能看出这是善和正义的导向。因为粗制滥造的、差的、平庸的、肤浅的、山寨的、没特色的、同质化的产品，反而不敢引起消费者太大的关注和鼓励参与对其产品的讨论。他们只能走低价、促销、搞忽悠式的广告之路。

所以，**营销的重点就是，如何激发消费者讨论自己的产品？**

营销的重点就是，如何激发消费者讨论自己的产品？

那就是让自己融入自己的产品所代表的生活。爱自己的产品，而且爱自己的产品所代表的生活方式。那么，营销者、企业、产品、品牌与消费者的关系，就是志同道合的友情，就是在专业知识、专业性和激情上的互相佩服，甚至是共同的学习。

就如卖户外用品的人如果不热爱户外运动，他做营销又怎么能有激情和创意？

又怎么能对户外运动这种生活方式有深入的理解？

又怎么能进入热爱户外运动的人的内心深处去？

又怎么能理解户外运动的意义、价值和美？

那么，从产品开发到销售，都难以打动人心、引起人们的共鸣。

因此，这需要付出热情、爱、精力、情感、时间和思考，甚至是付出心和灵魂。这当然不容易。

全身心地投入，这种专注，才是企业的美德和善。

这种全身心地投入，这种专注，才是企业的美德和善。

假设我是个好静的人，不得已或偶然性地从事销售户外用品的工作，我为了做好工作而关注户外运动，这种舍己、克己的精神，不是一种比爱运动的爱更大的爱吗？

25. 爱和广告

看到一条广告，大意是在表达父爱。女儿是聋哑人，听不到门铃声。也许是与男友吵架了，正在焦急地等待男友重新找她。不过男友按门铃她却听不到。父亲看到了这一切，为她买了一只台灯，并与门铃连在一起。门铃响起时，灯也同时亮起来。刚好男友按门铃，女儿看到了灯亮……

这个父亲感受到了女儿的焦虑、痛苦、烦恼、伤心，出于爱，他想到了那个台灯。

父母之爱的内容是什么呢？

学习，上进，出人头地，考上名牌大学，按时午睡，学更多的特长，不要早恋。如果恋爱了，关心的是，对方的家庭条件，他的工作、长相和身高，总之就是有钱没钱。我们把这些叫作爱。

一部充满了关于挣钱、出名、出人头地的电影，即便有再大牌的明星，俊男靓女，时尚的场景，惊险动人的情节，明晃晃、充满哲理的台词对白，再文艺，可是，这是在引导人们过什么样的生活呢？能看到人性的爱吗？恰恰相反，给人展现的都是个人的物质上的野心。

因此，这是广告的问题吗？这是电影艺术、水平的问题吗？

这显然是人的境界的问题。这是高贵和低贱的差别。

拨动心弦的，绝不是外在的华美，而是爱。而**爱不是我给你什么、愿望你好，而是把你肩上的担子拿下来放在我肩上。**

26. 社交网络与倾听

别指望在社交网络上做营销可以带来销量或知名度，它们的核心职能是与顾客、消费者客户互动，倾听他们的声音，然后给出回应。

什么是倾听？你的关心、爱是根本。如果你没有爱心和关心，怎么会倾听呢？你想的都是如何为自己辩解。

别指望在社交网络上做营销可以带来销量或知名度，它们的核心职能是与顾客、消费者客户互动，倾听他们的声音，然后给出回应。

因此，先从探索关心和爱心开始吧。你对一片落叶、路过的猫、对面的人的皱纹，没有丝毫的关注、注意，你不可能有关心和爱心。你感受不到失事客机上人们的亲人的悲伤，而是忙着分析，就不会有爱心、关心。

你对死者的可怜、惋惜，然后，你对死者家人的悲伤的同情，哪个更是爱心、关心？倾听死者家人的悲伤，拿过他们的一部分悲伤。此刻，才有关心、爱心。痛心的不是死者的死去（人类中谁不会死去呢），而是死者对自己孩子将活在失去父母亲照顾的冷漠残忍的世界里的凄凉，然后转头看向那几个活着的哭泣中的人，关心、爱心才会到来。

企业的经营管理中需要爱，犹如生活中需要爱一样。

27.　不要给消费者一个概念

炒概念显然是极端自
私性的营销行为。

炒概念显然是极端自私性的营销行为。它的出发点是利用消费者为自己赚钱。这本不是问题，因为商业本就是自私性的。但是问题在于，它违背了亚当·斯密提到的资本主义自私性的原则：我必须先给予别人他们想要的东西，才能得到我想要的东西。而炒概念给予消费者的是什么呢？是一个概念。

虽然概念也是人们热捧的（也是一种需求），比如环保（这是一个美好的概念），但是，炒概念的行为意味着为了迎合人们对环保的喜爱而开发产品或服务（只做营销宣传而无实际行动的炒概念就不用提了）。这与企业出于自己对环保的责任感和热爱而在产品上尽量体现出环保元素完全不同。

炒概念的产品或服务里没有概念所指代的真实的事物。也就是说，炒概念的企业（人）本身并不具备那个概念的真实品质，也就无法将这个品质附加到其产品或服务里了。比如，

没有用通过自己不断努力而生产的好东西，去换取自己想要的东西（自己自然要求的是好东西）。
这就是欺骗。

一家正在污染环境而不治理的工厂生产的具有环保概念的产品是真实的吗？有价值吗？

因此，炒概念的营销行为是没有给予别人想要的真实的东西或贬值的东西，而却得到自己想要的好东西、货真

价实的东西。也就是说，没有用通过自己不断努力而生产的好东西，去换取自己想要的东西（自己自然要求的是好东西）。

这就是欺骗。

那么，关键问题是，为什么我们忙着炒概念时没有羞耻感呢？我们看不见其中的欺骗吗？还是因为我们的心本就是黑暗、恶的，因此我们喜爱欺骗、不爱诚实吗？

28. 冒险精神

我们的文化里缺乏冒险精神。这就对企业的创新带来困难。实际上，是致命的。

当然，被逼无奈下背水一战、别无选择的情况下的冒险，不是我们说的冒险精神。也许这更像是赌徒心态。**冒险精神意味着在稳定状态、发展过程中是否还敢于去冒险，主动地放弃安全、安逸。因此，冒险精神并不是对外在压力的反应，而是对自己的挑战。**

> 冒险精神意味着在稳定状态、发展过程中是否还敢于去冒险，主动地放弃安全、安逸。因此，冒险精神并不是对外在压力的反应，而是对自己的挑战。

就如一家超市的销售经理，他在接到一个大米供应商报出的超低供价时，他要订多少斤大米呢？订的少了就损失利润，而且如果旁边的竞争对手超市订货多，就把顾客给拉走了。但是如果订多了，就会积压、最终损耗而赔钱。自己的奖金、职位、前程、脸面就受到了威胁。他敢按照自己心里的预估冒险下订单吗？还是倾向于少订些？

有没有冒险精神产生于一个人所持的信念的最深处。灵魂是否存在及永存，还是人死如灯灭？

人活着的目的是围绕着自己的需要，还是围绕着一个至高存在者（哪怕是为了国家、孩子而活着的理想）呢？

真理、正义和爱在人的生命里的位置如何，是否超越生命本身？

我们都有各自的信念。只不过平时意识不到。因此，如果不从探究它们开始，何谈培养冒险精神呢？又何谈建立创新精神呢？

29. 倾听消费者

互联网下的购物方式与传统的购物方式最本质的不同在于，消费者成为产品的专家，他们甚至比生产者和销售者更懂得产品（也更热爱），拥有更多的相关知识，毕竟产品就是他们的生活。

互联网给人们的生活方式带来了变化。针对企业来说，就是给人们的购物观念和方式带来了变化。互联网到底给人们的购物观念和方式带来什么革命性的变化呢？

互联网下的购物方式与传统的购物方式最本质的不同在于，消费者成为产品的专家，他们甚至比生产者和销售者更懂得产品（也更热爱），拥有更多的

相关知识，毕竟产品就是他们的生活。

穿一条牛仔裤的人，与制作牛仔裤和销售牛仔裤的人，对待这条牛仔裤的情感是完全不同的。因此投入的关注、热情是不同的。在互联网的信息的巨大丰富和免费的、即时的分享之下，人们就能在巨大的热情之下尽情地吸取相关的产品的信息。

消费者就不再是产品信息的弱者，他们依靠互联网走出信息的黑暗。生产者、销售者不再是信息的创造者、发布者、掌控者、拥有者，相反，消费者成为信息的发布者、创造者、拥有者、掌控者。这就是互联网下消费者的最大改变，而且是颠覆性的改变。

生产者和销售者必须以此进步变革，否则他们就会被消费者的信息唾沫淹死。企业发布的任何一条信息，都有可能被人们更正、批驳、揭穿或者认同、称赞。企业必须要面对随时出现的关于自己产品、品牌和销售信誉、质量的大量信息，不回应这些信息甚至回应的不及时，不能恰当地回应这些信息，就立即会被人们抛弃。人们有能力在大量信息下自行分辨真伪、优劣。

而生产者和销售者的产品和品牌不就是通过信息打动消费者、告诉消费者吗？现在的变化是，企业可以告知消费者，但是没有原来那么重要了。**企业的核心工作可能是倾听消费者。除此之外，作为生产者，不得不回归到做好自**

> 企业的核心工作可能是倾听消费者。除此之外，作为生产者，不得不回归到做好自己的产品，关注在持续创新上。

己的产品，关注持续创新上。作为销售者，信息倒是成为其真正的产品（而不是实物产品），因此，管理信息是其核心的工作。而信息的主导权掌握在消费者手中。

这就是给生产者和销售者带来的巨大挑战。

30. 消费者有责任

现在的食品安全、产品质量的低劣，以及重复、模仿、复制毫无新意的、毫无品位的产品的泛滥，与消费者的观念有很大的关系。

对于企业来说，要做的就是了解消费者需求，然后满足他们。从商业利益角度来说，当然要这么做。不过，站在较为宏观即整个市场、行业的视角，难道什么样的消费者需求都应该满足吗？

现在的食品安全、产品质量的低劣，以及重复、模仿、复制毫无新意的、毫无品位的产品的泛滥，与消费者的观念有很大的关系。

我们在购买食品（包括生鲜食品和包装食品）时，过于关注价格、外观、口味，而忽略对其内在品质、健康、营养及土壤保护等可持续发展的关注。这就导致种植者和生产者也在追求低成本和好看的外观、口味，这就为粗制滥造、假冒伪劣、繁多的调节口味的添加剂、催熟和增大产量的农药、化肥及各种化学用剂的大量使用提供了动机。

反之，如果大多数人都关注产品的品质、营养、健康及可持续发展呢？种植者和生产者就会将精力转移到这些方面。那么，食品安全的问题自然就化解了。

因此，真正的根治食品安全等问题，不仅需要制度、法规、道德以规范种植者和生产者，**消费者即所有人的消费观念（价值观）的觉醒更是关键**。从吃饱到吃好，再到吃的健康、有品位及可持续发展，这是一个消费观念的觉醒过程。如果人们真的觉醒了，比如真的关注可持续发展，也就自然愿意为那些担起可持续发展的产品付出更多的金钱。

> 现在的问题是，我们都在抱怨食品的不安全、土壤和环境的被污染、种植者和生产者的无良知，可是在自己的生活中，仍然在追逐着便宜、外观好看等。

现在的问题是，我们都在抱怨食品的不安全、土壤和环境的被污染、种植者和生产者的无良知，可是在自己的生活中，仍然在追逐着便宜、外观好看等。

我们买西瓜时在想什么？熟不熟，好吃与否，瓜子多不多，甜不甜，是不是脆沙瓤，便宜与否。有没有关心过：可持续发展、种子问题、健康问题、瓜农的生活状况等？

如果我们从未关心过瓜农的生活状况，只关心便宜、抢先吃到，又凭什么抱怨他们用化肥、农药、催熟剂呢？又凭什么抱怨他们不让土地休息呢？我们得到的恶果，来自我们自私、丑恶的观念和行为。吃到不安全的蔬菜，该负责任的不是种菜人的自私，而是买菜人的自私。这是活生生的"作恶—被惩罚"法则的展现。

因此，市场的问题，不仅是厂商、商家的问题，根本上还是消费者即每个人的问题。我们的问题是，自私，极端的、动物性的自私。我们意识不到：我应该是有尊严的、仁慈的、有理性的和给对方尊严的、为对方的幸福着想的要求、索求。我的要求不能过分、不能伤害对方的尊严、利益及他对幸福生活的追求。

我们现在有了这份高贵之心吗？

31. 营销中的艺术性和价值观

公司在推广、宣传自己的产品或公司信息时，只简单地提供内容恐怕效果不佳。

首先，互联网、移动互联网和智能手机使信息量巨大了，因此人们对信息（详细阅读的信息）越来越挑剔了。这没有办法，不挑剔就无法看到自己想看到的信息；不会挑剔，就会错过自己想看的，而把时间浪费在一些垃圾、无意义的信息上。

作为营销，或者说广告宣传，一个基本思路需要改变了，即加入精神元素。其中最关键的就是价值观和艺术性。产品与消费者会在共鸣和认同里、在美感里相遇。

其次，随着物质生活的提高，以及互联网文化、人文信息的熏陶，人们越来越意识到和重视自己的内心世界和精神世界。而公司的任何信息，其本质都是宣传、推广，都是利益、物质、销售、买卖活动，这很容易引起人们的反感。时间如此紧张，信息量如此巨大，精彩的信息随处可见，我为什么要看那些商业性质的信息内容呢？除非我要买它的产品。

因此，作为营销，或者说广告宣传，一个基本思路需要改变了，即加入精神元素。其中最关键的就是价值观和艺术性。产品与消费者会在共鸣和认同里、在美感里相遇。

在营销或广告中加入价值观和艺术性非常困难，与单纯地讲内容、喊口号相比，这不仅难在花费上，更是难在策划、构思、思考上。如何将价值观和艺术性加入营销中呢？这需要投入更多的头脑。头脑的投入，比金钱的投入更重要。这就是创意。今后有价值的是创意，金钱会流向更好的创意上。

因此，我们有着美好的价值观的头脑和艺术品位、艺术素养的心，才是营销的关键。

艺术和美德都指向一个方向：**谦卑**。这不是谦虚，而是臣服。

臣服之心是被赐予的，而不是培养、练习出来的。因此，我们要做的只能是向那个能赐予臣服之人臣服吗？

我们缺乏的正是这个。

32. 广告中的价值观

越来越多的人会觉得那些意在推销自己、推动销售的广告令人生厌。可惜的是，很多做广告者尚不自知。花很多钱打的广告却在给人们留下厌恶、贪婪、攫取的印象。这怎么能形成购买，又怎么能建立起品牌呢？

人们的心在改变，开始越来越关注公平、公正、尊严、社会责任感、价值、艺术和美、创造与创新、原创、回归自然和环保、正义等。因此，广告中怎么能不从推动这些美好事物入手呢？

人们的心在改变，开始越来越关注公平、公正、尊严、社会责任感、价值、艺术和美、创造与创新、原创、回归自然和环保、正义等。因此，广告中怎么能不从推动这些美好事物入手呢？

一个运动鞋或运动服的品牌广告也许是这样的："清晨，太阳刚刚升起，一位身体健壮、匀称的年轻人，轻松地奔跑在茂密的树林中，大口地呼吸着新鲜空气，友好地看着周围的树木，以及偶尔跳出来的小动物，树枝上的露水不时落在他的脸上。"

它在传播、推动一种回归自然、环保、爱护动物、关爱生命、健康积极的生活理念和方式。这就很自然地激发出人们对欣欣向荣的、有意义的、积极的生活的向往。因为我们平时的生活是压抑的、阴郁的、焦虑的，很多人活在灰暗和无希望、无盼望、无意义感的状态里。这就是抑郁症、焦虑症、失眠症病人的生活和眼里的世界。

因此，我们就要先走出阴郁和无希望感的心情和生活，经常绽放出阳光灿烂的笑容。那就先在自己的心里种下携带着光的善和正义、美好价值观的种子吧！正如一个正直的人，总会有更多的笑容；一个做假冒伪劣产品的人，常常会被噩梦惊醒；一个冷漠、自私的人总会慢慢地把自己逼进空虚、无聊、乏味和惊恐里。

33. 产品与爱

也许从被知道到被"信任"，再到被"尊重"，最终到达被"爱"，确实是产品和品牌成功的、优雅的上升之路。我们的产品和品牌在哪个阶段呢？恐怕过"信任"这关就不容易。

前苹果广告代理商 TBWA\CHIAT\Day 创意总监、现为作家兼顾问的肯·西格尔回忆乔布斯时曾说：

"乔布斯经常说的话就是我们的工作是让人们爱上苹果，他相信只要建立这个连接关系，那么下面这三件事情会自然而然地发生：人们会不断购买产品；人们会向自己的朋友、家人及同事等宣传这些产品；发生不幸、不可预见的丑闻或者其他事情，任何不好的事情不可避免地发生，甚至是发生在好人身上时，人们还是会对苹果不离不弃，因为他们就是会对苹果产生依赖。"

乔布斯启发了企业经营和营销的一个新境界，一个将品牌做到卓越的至高境界：产品与爱的关系，或者，爱在产品中的重要性。

爱，出现在产品里，真是一件奇妙的事情，一件人类历史上的大事。

> 也许从被知道到被"信任"，再到被"尊重"，最终到达被"爱"，确实是产品和品牌成功的、优雅的上升之路。

> 爱，出现在产品里，真是一件奇妙的事情，一件人类历史上的大事。

爱产品（品牌）与爱人是一样的。因此，什么是爱（先不讨论信任和尊重，它们都需要单独探讨）？这是唯一需要探索的问题。怎么爱与怎么得到爱，并不是真正的问题。因为它们隐含的欲望、占有欲、贪婪心，已经把爱关在门外。

顺着乔布斯的思路就是：产品做到多好，具有什么品质，才能赢得消费者的爱呢？苹果的产品与人类其他的伟大产品相比，最突出的特点就是美（艺术性）。乔布斯以自己超凡脱俗的艺术品位及特立独行的执着精神，让普通人、没有多高艺术素养的人通过使用苹果产品享受到只有艺术家在感知到美的时候的喜悦。

就如对美女的喜欢，这没有什么区别。当然，这不是指外在之美，而是气质的内在美。只不过产品的言行举止、眼神表情、一颦一笑，就是它的工业设计和外观、功能包括 APP 的设计所表达出来的一切。

对美的追求和执着，艺术家的做事风格，就意味着超越世俗、唾弃功利心，具有一颗单纯、纯洁、专注、正直之心。这就追踪到我们所讨论的问题的核心——有功利心，就没有爱。功利心多的地方，爱就稀少。

我们活在世俗化的、物质主义的价值观里，没有美，也没有爱。我们的产品也就没有美和爱，唯有血汗和眼泪。

而我们恰恰处在功利心的极端上。爱又怎么可能产生呢？信任、尊重、爱，在我们的生活里很少出现，甚至在家里也只有相互捆绑式的爱（这种爱不过是动物性的、排他性的、自私的爱，它的本质是敌意、争斗、隔阂）。因此，让消费者爱上产品，还是多么遥远的事情啊！

我们活在世俗化的、物质主义的价值观里，没有美，也没有爱。我们的产品也就没有美和爱，唯有血汗和眼泪。

34. 尊重就是品牌

随着人的变化，即人的心和观念的改变，品牌的内涵也在发生变化。也许现在我们该这么看品牌：尊重就是品牌。

满足需求，不是品牌；广为人知，不是品牌；被喜欢，不是品牌；甚至被信任，仍然不是品牌。受到尊重，才是品牌。

什么是尊重？或者说，什么是受人尊重？

不是阿谀奉承的尊重；不是对利益、物质的尊重；不是职位、等级上的尊重；不是在野心上的尊重，而是人们内心对美德、创造力、美、爱、善、正义的尊重。

什么是尊重？或者说，什么是受人尊重？不是阿谀奉承的尊重；不是对利益、物质的尊重；不是职位、等级上的尊重；不是在野心上的尊重，而是人们内心对美德、创造力、美、爱、善、正义的尊重。

就如山寨产品无法成为品牌，它必须想方设法地创新。因为山寨行为本身就意味着抄袭、剽窃、自私、急功近利、利益至上、不尊重别人的贡献，代表着贫贱、凑合、廉价、粗糙的生活观念，这又怎么能赢得人们的敬重呢？人们尊重慷慨（哪怕是贫穷的），又怎么能尊重吝啬（做山寨产品的攫取心理又怎么能不是吝啬的）呢？

可是，我们并不喜爱良善、正直、真理、正义。口头说着喜欢慷慨和正直，在家里则教孩子要攒钱、省钱和明哲保身、不要惹事。我们的内心深处，其实并不喜爱光明，而是喜爱黑暗。

因此，我们在追捧、崇拜财富、权势的同时，就得到山寨、粗制滥造、假冒伪劣和暴利产品。而且，我们都在参与这个不体面、不正派的过程，也就得到低工资、无尽的辛苦、负重不堪的一生。

所以我们没有品牌。**品牌就是好名声**。但是，不敢暴露在阳光下的劣行、劣迹，又怎么能留下好名声呢？

35. 还在迎合或引诱顾客吗

美国户外用品公司 Patagonia 提过一个著名问题："我们能让顾客学会只买真正需要的东西吗？"（《哈佛商业评论》文章《极端天气给世界各地企业和居民带来重大损失，这是企业必须面对的"超级挑战"》）

这个著名问题意味着什么？它的深度是什么？

购买真正需要的东西，其实并不仅是指只购买生活必需品，更关键的是精神层面上的消费理念（实际上就是一个人的生活观念），就是不要在贪婪、虚荣心、炫耀、攀比心、傲慢、等级观念、追风、时尚心、嫉妒心的诱惑下购买。

比如，我们买盐，它的价格、品质、安全性是关键，而不是它的包装、附加的各种功能；我坐头等舱，仅仅是因为我需要那个环境给我提供的我需要的方便，而不是高人一等的傲慢；我买衣服，仅仅是因为那件衣服适合我、符合我的气质，适应我的工作需要，而不是名牌、奢侈品的虚荣心；我去剑桥大学读书，仅仅是喜欢那里的学习、学术氛围，而不是更大的名气；我出外就餐，看重的是安全、健康、环境、服务、口味、价格、食品品质，而不是对各种食物的食欲的贪婪，等等。

即便是买书这种精神类的产品（绝非生活必需品），也可以看出哪些是真正需要的，哪些只是满足消遣、娱乐、好奇心的。也许我们需要《圣经》《瓦尔登湖》，一些哲学书、心理学书、人类学书、教育、历史书、传记类等，以及自己的专业领域的书。也就是说，**给人的精神、灵魂、心灵滋养的书是人真正需要的，引导人认识自我的、向善的、审美的、坚持正义和真理的书是人真正需要的。**

> 给人的精神、灵魂、心灵滋养的书是人真正需要的，引导人认识自我的、向善的、审美的、坚持正义和真理的书是人真正需要的。

这种消费理念必然会促成一种开发和制造简单的、自然的而又低成本、低价格的产品的企业行为。而这就会带来对资源浪费的减少，增加对环境的保护，促进可持续发展。

不过，问题是，人们会接受吗？

我们自然会认为：我挣钱不就是为了花吗？

为什么不能吃最好的食物、穿名牌的衣服、住最豪华的酒店、开最高档的车子？

这些都不能做，我还挣钱干吗？

而 Patagonia 公司提出的这个著名问题："我们能让顾客学会只买真正需要的东西吗？"答案就是**企业担负起引导消费理念的责任**。而这个消费理念是我们前面谈论的引导人们走向更美好心灵、人性的道路。

这样的公司是难能可贵的。它们不仅具备了更美好的价值观，还勇敢地担负起引导消费者改变价值观的责任。尤其是在物质主义的社会就会更加艰难。他们必须在利益和自己的理念之间抉择。而且，这不是一次性的选择，而是在每个经营决策里都必须重新选择一次。可想而知，这个坚守是何等的艰难啊！

> 很多企业的眼中连顾客、消费者都没有，更何况是社会问题、人类问题这种与自己挣钱无关的事情。他们的价值观是，如何更快、更多地圈钱、挣钱、扩大市场。

可是，**很多企业的眼中连顾客、消费者都没有，更何况是社会问题、人类问题这种与自己挣钱无关的事情。他们的价值观是，如何更快、更多地圈钱、挣钱、扩大市场。**因此，他们在给自己创造利益的同时，也给世界制造着黑暗。购买他们的产品，就意味着同样是在制造着黑暗（当然在垄断行业里，消费者也没有选择的余地。因此垄断必然会滋生恶）。

很多企业很会讨好顾客、消费者。他们知道打动顾客、消费者才能带来利润，所以就想方设法、屈尊、满脸堆笑地讨好顾客。

但是，我们都清楚，这些笑容的含义是贪婪，屈尊人们钱包里的钱。这样鲜明的对比，就看出"我们能让顾客学会只买真正需要的东西吗"的高贵和正直。

我们有多少怀着这种美好价值观的企业呢？

又有多少拥有美好价值观的企业能够坚守住自己的信仰，不向利益低头呢？

又有多少企业将社会的责任、更多人的利益放在比企业的利益更高的位置上呢？

我们迫切地需要它们。它们就像盐，虽然数量很少，但能使一锅汤都有滋味而鲜美。选择购买它们的产品，就是我们（消费者）的支持。

36. 了解自己的内心

我们一直回避、漠视内心情感。逐渐的，根本就体验不到内心深处的感受。其实，**我们已经失去对内心深处的情感的感受能力。更严重的是，由此我们缺失了很多人类内心深处的感受，尤其是那些美好的感受，而活在肤浅的情感里。**

我们已经失去对内心深处的情感的感受能力。更严重的是，由此我们缺失了很多人类内心深处的感受，尤其是那些美好的感受，而活在肤浅的情感里。

我们为孩子找不到对象而焦虑，为祖国强大而自豪，在同学聚会时为自己有钱有势而有满足感，为过年给亲戚孩子压岁钱而心疼，受到老板称赞而受宠若惊，为贫困的人的艰苦奋斗而感动（却不知去探究他们贫困的根源），为失恋痛苦，妻子小心翼翼地活在丈夫的专制下，在怕受牵连的恐惧中，生活在乏味、空虚、无意义里，等等。

我们体验到的人类的情感、感受就是这些。它们是肤浅层面上的，而且大多是丑陋、阴暗的。

我们缺失了主动（在强者的地位上）选择忍让、舍弃自己权利的高贵感；我们不能欣赏为真理而牺牲的人，因为我们为之感动的是那些为国牺牲的人，我们被感动的是那些孝敬行为；我们为豪华装修而惊叹，却感知不到品位上的美；我们对悲伤逃避唯恐不及，却不知在感受悲伤里发现正义与邪恶。

我们真的会为那个因亲人去世正在哭泣的朋友而感到悲伤吗？

我们真的关心过企业的兴衰吗？

我们有过对孤儿的悲催人生的痛彻体验而替他感到悲伤吗？

我们体验过作为一个中国人对自己命运（整个民族的角度，即灾难深重、愚昧肤浅、夜郎自大、抗拒文明进步却又不自知等）深切的悲伤吗？就如犹太人的那种悲伤。

我们的肤浅、无知，或者说我们的理解能力、欣赏能力还停留在，诸如王子与公主终于走到一起，然后开始他们幸福的生活。实际上，深深地赞同"婚姻是爱情的坟墓"的人，才能算是成熟、深刻。但是肤浅、幼稚的人看到这样的说法时会跳起来，会用美好的愿望替换掉丑恶的现实作为他的现实。他还会在这种由幼稚产生的道德感里，抨击那些说出现实的人。

一个成熟的人，自然会在预见到婚姻种种的艰难、冲突甚至失败中，才勇敢地选择结婚的（这反而能看出是否是真爱）。由于这个成熟的预见，反而会使他的婚姻更稳妥、幸福。当然，在幼稚的社会环境里，他还要经历一些痛苦。因为他难以遇到另外一个成熟的异性，他们一边一起说着"婚姻是爱情的坟墓"，一边由于爱而结婚。

这一切都是因为我们认为内心世界的东西根本不重要，重要的是外在世界的事物。**我们在想尽一切办法回避内心里的事情，尽快地把注意力引向外界。**

> 我们在想尽一切办法回避内心里的事情，尽快地把注意力引向外界。

同事的无礼举动，伤害了我。可是，那个伤害一滑而过，我们用愤怒、恐惧、解释，逃避去看清楚它。随后，我们并没有感到多么的受伤。可是它却深藏心底，在发酵、孕育。我们也会同样地伤害他人，而不自知。因为我们从没有触及自己的受伤的深处，就无法知道给别人带来的伤害的感受，因此，同情心、怜悯心、柔和心就不会出现。进而，为受欺负者主持正义又从何谈起呢？

就如我们常说的"用户体验"、消费者洞察等，**如果企业中的营销人员从未进入过自己的内心世界，又怎么能进入消费者即他人的内心世界呢？**剩下的，不过是这些词语在头脑里的活动，那么的冷漠、无情、冰冷。对人的内心世界的深刻体验和感受，才能发现人的人性所在。那里是爱。

> 如果企业中的营销人员从未进入过自己的内心世界，又怎么能进入消费者即他人的内心世界呢？

一家超市可以通过问卷调查，得知顾客最大的不满是结账时排队时间太长。但是，超市知道人们对排队时间过长的感受是什么吗？如果深入感受，那么，采取的措施不一定是增加收银台数量或招聘更多的收银员。也许是一段轻松的音乐，收银员如邻居般熟悉的问候，一个更好的排队秩序的维护。

对于企业人来说，进入自己的内心世界，就进入消费者的内心。进入自己的内心越深，进入消费者的内心就越深。同样，从管理上看，管理者了解自己的内心越深，了解员工的内心就越深。

这不是在说换位思考。而是说，我们如果是个空心人，从不进入自己的内心世界，即便消费者（调查问卷、大数据等手段）、员工告诉了他们的感受，我们一样体验不到、了解不了他们所说的那种感受的内涵，那么，如何能满足他们的需要呢？

就如我们知道极简设计很受欢迎，可是我们知道喜欢极简设计的人的内心感受是什么吗？

除了追求时尚、流行、跟风的人们之外，那些真正喜欢极简设计的人们的心理是什么呢？

是什么观念、思想激发了他们对极简的需求和欣赏？是对物质的超越吗？是环保理念的建立吗？是美在他们内心的觉醒吗？是他们对烦琐复杂的逆反心理吗？

了解了这些，才能设计出他们真正需要的极简产品和服务。

这就是进入自己的内心世界的意义。**我们应该感受我们的每个感受，紧紧地抓住它们，拥抱它们，哪怕它们是悲伤、受辱、恐惧、焦虑。让我们成为一个有血有肉的真实、实在的人类吧**！不是嬉笑怒骂，而是会哭喊、捶胸、怒吼、跳跃。让我们认同真实，不认为这是疯子，反而是痛恨虚伪、假装、压抑、肤浅、粗鄙、无知的自大。

做真的人吧！

> 我们应该感受我们的每个感受，紧紧地抓住它们，拥抱它们，哪怕它们是悲伤、受辱、恐惧、焦虑。让我们成为一个有血有肉的真实、实在的人类吧！

37. 品牌要带来积极的态度

为什么我们很少有受人尊敬的品牌？

我们的产品中有安全、高要求、稳定、融入精益求精和认真的精神、不断提高的产品品质吗？这是诚实和正直。

我们在为了给出低价而努力改善流程、提高效率吗？这是慈善、分享精神。

问题是，我们有值得人们尊敬的品质吗？

我们有让人们眼睛一亮、惊喜万分的新功能、新设计吗？

产品或服务给了人们与众不同、不同凡响的感受吗？

给生活带来莫大的便利吗？

甚至给人以艺术品般的赏心悦目吗？

这是创新能力，追求不同凡响的理想、信念。

我们的产品或服务中，透露着为社会可持续发展的节俭、环保、绿色等的努力吗？做纸的工厂、做化妆品的公司（用到棕榈油），签署保护森林承诺了吗？这是责任感。

我们的产品中有安全、高要求、稳定、融入精益求精和认真的精神、不断提高的产品品质吗？这是诚实和正直。

我们在为了给出低价而努力改善流程、提高效率吗？这是慈善、分享精神。

我们在设计 VIP 客户的优惠政策时，考虑的出发点是对便利、舒适的追求，而不是出于贪婪、追求利益下的等级观念、阿谀吗？这是公平、平等。

我们的产品成本结构中包含更高的工人工资吗？

我们有用自己的强势地位压榨下游供应商或种植园的农民吗？

在给本国提供廉价而高品质的产品时，我们考虑过原料输出和制造地人们的生活吗？

这是正义和人性。我们对低端顾客提供了低端的服务和产品，但是我们的服务态度是不是一点也不低端？这是尊重。

一个人为了什么而给出他的尊敬？

我们有吗？

什么是尊敬？

一个人为了什么而给出他的尊敬？

对领导、老板和金钱、权利的尊敬是尊敬吗？

表面上毕恭毕敬，内心却是恐惧和贪婪、厌恶、憎恨。这又怎么能是尊敬呢？

尊敬，只能来自对美德、高尚的品质、美、创造力、正义和爱的向往、景仰。一个人面对强权老板，敢于说出自己的不同意见。我们尊敬他，因为他的

受人尊敬的品牌，或者说受到尊敬，会给企业带来什么？

勇气和无私。一个强权、傲慢的老板，我们害怕他，但是绝不会尊敬他。谁会尊敬强权和傲慢呢？

受人尊敬的品牌，或者说受到尊敬，会给企业带来什么？什么都带来了。利润，持久经营，市场份额。**关键是，带来了开心、积极的态度。**

受人尊敬的不是企业的产品和服务，更不是口号和广告，而是产品和服务中蕴含的美好精神。

关键是，我们有吗？

若想使产品和服务、品牌、企业有这些美好精神，意味着

企业中的人必须有。怀有艺术性、美，才能决策出、创造出、制造出具有艺术性和美的产品。没有艺术性和对美的素质，即便模仿得惟妙惟肖，产品和服务的实际内涵也是抄袭、浅薄、粗鄙、不尊重、不正义、贪婪和逐利。这些会在人们轻蔑的一声"山寨"中体现出来。

如何具有这些美好精神？如何触及精神和进入内心世界？

我们发现自己的丑陋和肤浅、满满的功利心并痛恨自己吗？

38. 满足消费者需求的善和恶

我们是否要了解消费者都有哪些性质的需求，再谈满足消费者需求比较好呢？

以消费者为中心，满足消费者需求，为消费者服务，这些进步、善的理念，不过，在接受和应用它们之前，恐怕是缺了一个更加深入地理解它们的环节。

作为企业，以满足消费者需求为己任，一切行动、思想围绕着消费者，这当然是理所当然的。但是，**我们是否要了解消费者都有哪些性质的需求，再谈满足消费者需求比较好呢？**

人们的需求至少有两种不同的性质：善和恶。

第一，恶的需求。人们奢侈、虚荣、要更多、要更舒服的需求，也就是围绕着满足自我中心而不顾他人、世界、环境的非正义、非良善的需求。比如，一件为了体现美丽、地位的皮衣；为了好吃、显示地位、尝鲜而对动物的无度的杀戮；为了更多产量的不人道的养牛、养鸡、养猪的方式。

第二，善的需求。生活中短缺的物质需求，以及使生活更美好、方便精神上的需求。比如，在极寒环境下的皮衣；方便获取更多知识的维基百科；使人们随时获取信息、应用信息的智能手机；为穷人开发的坚实耐用、便宜的智能手机。

因此，如果满足消费者需求，那么我们是在追求满足第一种需求吗？

我们是在毫无考虑下就追求满足第一种需求吗？

我们迎合了这种需求，难道不是在作恶吗？

我们把企业做大了，自己发财了，难道不是给他人、地球带来更多灾祸吗？

有个典型的例子。

我们总是在挑拣蔬菜，喜欢那些有漂亮外观的茄子、西红柿、黄瓜等。然后，种植它们的人就开始想办法让蔬菜的外观变得越来越漂亮，可是它们却失去了天然性、营养性，甚至变得不安全。这就是人们的贪心（不仅是吃饱、健康，还要长得好看）所致，不管是买者，还是种植者、卖者。

我们的贪婪，以及企业对贪婪的满足（企业的贪婪），带来什么样的生存环境？我们无可指责。因为我们都是消费者，也都是在做着一份与社会、与他人有关的工作。

这样的例子比比皆是。**我们的贪婪，以及企业对贪婪的满足（企业的贪婪），带来什么样的生存环境？我们无可指责。因为我们都是消费者，也都是在做着一份与社会、与他人有关的工作。**

显然，追求恶的需求的是一部分人，因此满足这种需求的企业必然会有其顾客、销售量。但是，随着人类的进化、文明，现在及以后还会如此下去吗？

> 一家企业、一个人，在说到、想到满足消费者需求时，是否也同时想到要辨别消费者的需求是哪一种，是善的，还是恶的，这就足够了。

这就如"社会企业"的诞生。社会企业最早起源于英国。他们是以满足人们的善的需要为己任。社会企业的目的是解决一个社会问题，这一点也不宏大。也许某一个社会企业就是解决所在社区的垃圾处理问题、读书问题、早餐问题等。当然，在解决问题中，他们会盈利的。或者说是靠商业运作而生存的（这区别于公益组织和政府组织）。

一家企业、一个人，在说到、想到满足消费者需求时，是否也同时想到要辨别消费者的需求是哪一种，是善的，还是恶的，这就足够了。我们已经变成善的、对社会负责任的企业和人。

39. 热心平台的背后

在经营或营销中，也许有股"平台论"的热潮。其起因恐怕与互联网营销的新模式 O2O 有关。

例如，美国打车 APPUber 可以包车、拼车、送花，甚至可以替你做你不想去做的事。出租车成为一个平台。如果将思维从打车上升为一个平台，就自然地想到送花、快递业务等延伸服务。当然是合理而聪明的想法。

再如，快递业务也是个平台。比如顺丰快递开始卖生鲜食品。

超市尤其是便利店也是个平台。以前是承载各种社区服务项目，现在又有了快递的取件项目。

凡是与人群紧密接触的业务，就越是具有平台意义。接触的人群越多、越紧密，其平台的价值越大。

如此看的话，品牌也是一种平台。只要有了品牌，那么放入更多的产品，就会使产品好卖。这就是品牌延伸。

> 平台自身的价值、业绩的好坏、为顾客服务的质量的优劣，才是一切业务的关键。

但是，有个问题是，在热衷于利用平台、扩展平台时，别忽略了平台本身。平台垮了或者价值降低，加载在它上面的一切都根基不稳。**平台自身的价值、业绩的好坏、为顾客服务的质量的优劣，才是一切业务的关键。**

出租车司机的服务不好，谁还想到用它送花呢？

快递员服务不好，人们怎么还会在他们那里买生鲜食品呢？

> 不管平台上装了多少赚钱的附加业务，企业的战略的核心应该始终是在平台本身的业务上。

便利店搞不好，人们不进去购物，附加服务又有什么价值呢？

因此，**不管平台上装了多少赚钱的**

附加业务，企业的战略的核心应该始终是在平台本身的业务上。推动它不断地提高，不断地探索、创新，不断地提高客户的满意度。

但事实并非如此，更多的企业是在疯狂地加载平台，快速建立平台，与平台谈判、合作，却很少提及平台的业务本身。显然，**热心平台的背后就是热心赚钱**。贪婪，投机取巧，急功近利，物质主义，极端的自私，一直是我们做事情的意识背景。

我们都争相抢着去乘凉，没人喜欢栽树、浇树、护树。最终，所有人都在暴晒下受苦。这就是我们的现实。

问题是，虽然我们都知道这些，但并未促使我们担负起"栽树"的责任，仍然是疯狂地不顾一切、不择手段地为自己争抢着一切资源。这是为什么呢？

一个重要的原因是，我们未从历史上历代祖先们对所受的饥饿、灾荒、贫穷的恐惧的心理创伤里走出来。因为我们从未正式地、民族集体性地对所受的灾难及每个人所要承担的责任正视和追究。也就是说，**我们从未从民族的角度集体性地对自己说："这一切的灾难，我要承担一份责任。"**

40. 企业的竞争力来自于认识深度

企业要想借助互联网等各种渠道与消费者互动，传递关爱、爱心，传递品牌信息，推广产品、技术，还需要更深入。

比如，卖雨伞的企业，如果只是提醒天气变化，注意添衣保暖，会打动人心吗？

你会被打动吗？

天冷了，需要添衣，自己不知道吗？

没有家人、父母的关照吗？

企业就不能更深入地介绍雨伞的使用、保存，面料的不同，男女使用的不同，不同天气情况、风力情况的不同，文化气质的匹配，发展趋势，各国雨伞情况、历史，雨伞的人文轶事和故事，科技、材料的进步，开车的人的雨伞，坐公交车的人的雨伞，步行的人的雨伞，雨伞能体现出身份、职业、性格吗？恋爱中的雨伞，老人用的雨伞，挡风、遮雨甚至避寒的雨伞，雨伞的方便性的探索，在见客户时雨伞会影响形象吗？等等。有数不清的关于雨伞的话题可以由企业深入挖掘和介绍。这怎么能不令人心感动、融化呢？

而从雨伞发散到雨衣、下雨、天气预报，由此引发的寒暖、地球变暖、不以物喜不以己悲、雨中的浪漫或雨中工作的艰难等，其实是肤浅的方向，是懒的思考、不愿意思考、不会思考的结果。**而深入不懈地挖掘雨伞的意义、价值、文化象征、功能、人们对雨伞的态度的变化等，才是在工作中、营销中深刻的、认真的、勤奋的、负责任的表现。**

> 当一个人不再深刻，不再思考，变得散漫、懒散、急功近利，他就再也看不到本行业的深度。最终，也就自然地走到与其他行业的结合的路上去。这就是非专业化的道路。也就是非良性的多元化的道路。

消费者需要的是企业的专业，不是非专业领域的发散。不把雨伞说透，却忙着说天气和地球变暖，一定会被消费者嗤之以鼻。又何谈提高销量、树立品牌形象呢？

任何一个行业，都有无限的深度。行业中的人、企业，就应该不懈地去挖掘。**当一个人不再深刻，不再思考，变得散漫、懒散、急功近利，他就再也看不到本行业的深度。最终，也就自然地走到与其他行业的结合的路上去。这就是非专业化的道路。也就是非良性的多元化的道路。**

消费者需要的是企业的专业性。而企业的专业性就是它对行业的认识的深度，是企业的深入思考和探索的结果。即便是发了吃一顿饭的照片和一段评论，也可以深入对诸如饭菜的特点、特色、营养、材质、风俗、文化内涵、口感的深入体验、烹饪过程的观察和摸索。这样的信息才有价值。

其实，企业真的需要深入的探索、观察、思考自己所在行业、产品、技术等相关领域内的一切事情。现在，企业的竞争力，恐怕更在于企业的深度。

而且，思考的越深的企业，其产品中的精神元素就会越多。一张桌子，与一张被赋予了某种精神元素，比如亲近自然、环保、家人温馨团聚的桌子，就有了本质的不同。它们的价值（价格）是不同的。这就是品牌价值的建立。而企业也不再是靠简单加工或山寨产品的层次。

思考，使人得到了精神事物。也就是使人变得高贵。企业的思考反映在其产品上，也就把精神事物、高贵的生活方式传递给消费者。这样的企业自然是会被祝福的。

41. 在创新中逃避

网购冲击实体店就如 Uber 等专车对出租车的冲击一样，除了先进性的必然冲击之外，还是零售商们本身存在巨大问题，即很少专业过。

可是，一旦先进的科技或模式来了，大家的注意力又都在它们身上。反正自己的原有业务本来就不专业，一直处在艰难、挣扎中，刚好借势进入先进的模式、依赖新科技。可是，新模式、新科技早晚也要进入运营阶段。最终，被考验的仍然是自己的专业性、专业精神，即踏实、务实地针对本业务的钻研、忍耐精神及热爱。

在老模式上不专业，就能寄希望于在新模式上专业吗？这是一种逃避。逃避在不断地追求新模式、新科技里（其实进入新领域、新市场、新行业等也是一样的）。因为人们不会向东西要结果，所以就能躲在不断地做新东西里，以隐藏自己的不专业、不踏实、好高骛远、急功近利、缺乏忍耐性、不热爱工作、害怕困难、能力不足等缺点。

如此的跟随、热衷于新科技、新模式，这不是创新（或说是虚弱、心虚、虚假的创新），只不过是对自己的不专业及经营不善的痛苦挣扎的逃避而已。

确实，抢先进入新模式、应用新科技，会更有机会做大而先赚钱，然后等到竞争激烈、市场成熟、开始拼运营专业性的时候，可以抽身而退（比如出售业务或上市）。但这毕竟是急功近利、钻营投机。当人们都追捧这样的做事方式的时候，就是在助长道德败坏。其结果就是财富集中到少数人手里（而且是那些急功近利、钻营投机的人），大众越来越贫穷。

42. 创新归于对人性的探索

《哈佛商业评论》有篇文章《王者匠心：真正的创新都归于对人性的探索》，顺着这个思路继续思考一个紧密相关的问题：如何探索人性呢？

探索人性就是探索自己、自己的心、自己的思想观念及自己的生活。因为每个人都是人类的一个代表、标准的样本，在本质上，我们的人性是完全相同的。比如，我们无法真的了解别人的嫉妒的内在运作，只能看到嫉妒的表现，但是，却能在看着自己的嫉妒时而完全地了解它。全人类的嫉妒是同一个。

因此，企业的老板、CEO、经理人及产品经理等，如果要真的创新，就必须了解人性，而了解人性就是从了解自己开始。但是，沿着理论、知识、书本或方法的方向不能真实地了解自己。比如，**如果我通过弗洛伊德了解嫉妒，那么我只是在了解弗洛伊德对嫉妒的看法，而不是嫉妒本身。**

嫉妒在我们每个人的心里。因此，了解嫉妒即了解自己，就是直接地观察、探究嫉妒，即自我的活动。

在嫉妒出现时，观察嫉妒；在寒风中等待出租车时的焦急和对司机态度的不满、对野蛮态度的一丝怯意中，就观察内心对舒适、效率、友好的渴求（这就是 Uber 等新的出行模式的创新机会），等等。**在自我觉知中的生命与无知无觉的生命，是完全不同的。前者把人领向智慧和爱。**

在自我觉知中的生命与无知无觉的生命，是完全不同的。前者把人领向智慧和爱。

43. 思考产品就是思考价值观

一个产品成功的关键是对它的思考。但我们对产品的思考远远不够。更多情况下，是关注技术、市场等方面。

思考产品就是思考生活，那么什么是生活？虽然我们都在生活着，可是这个问题并不是显而易见的。

我们不仅需要用洗衣粉洗衣服，还对洗衣粉的用量、环保和节水、护手和健康、去污能力、低价、时尚、包装、品牌等有需求。这些由内心产生的想法不就是一个人的价值观、生活观吗？不就是他的梦想、期望、担忧恐惧、兴趣爱好、品位素质、经济条件、失望与满足、虚荣与实用、积极态度还是勉强维持、乐观还是晦暗等吗？

这些就是一个人的生活。思考这些，就是思考生活。也就是思考产品。而思考生活，就是思考人的内心世界、精神世界。

因此，思考产品，思考到最深处，就是思考人们的价值观。

那么，问题就是，我们自己有精神世界吗？

我们关注和了解过自己的内心世界吗？

有没有认真思考过自己所持的是什么价值观呢？

如果没有，我们又怎么可能知道、理解别人的内心世界呢？

又怎么能探知别人的价值观是什么呢？

我们活着，但是不知道是怎么活着的。我们对自己的生活无知无觉。这又怎么能理解生活呢？然后，肤浅的产品又怎么能改变人们的生活呢？难道要一直山寨下去吗？创新又谈何容易，它不只是技术、资金的事情。创意必然是来自对生活的深刻洞察。你能给创业者一个车库，但是对生活的洞察、生活的深度、思考的深刻、品质的高贵，只能是他自己的事情。旁人谁又能帮得上呢？

在渴望一只苹果手表时，我们知道这个渴望（欲望），以及买后的满足感、虚荣心与不能买的焦虑、失望（欲望是人类内心里最浅层的东西），而对苹果手表所代表的喜爱科技感的价值观、向往高品质生活、不甘于平庸而追求卓越等的内心世界能感知到吗？难道我们只能感知买苹果手表里的欲望活动和戴着它时的虚荣心吗？

思考产品的核心在于，对自己的生活的感知、观察、探索。比如，我观察到我是带着强烈的攀比心在生活吗？

是带着强烈的不安全感在生活吗？

是带着不足、贫穷的心理在生活吗？是在灰暗的色调里生活吗？

是在自私、追求享受里生活吗？

是在傲慢和高调里生活吗？

是在无意义、混日子式的生活吗？

是在干枯、空虚里生活吗？

……

44. 人的整体的改变

工业 4.0 的一个含义是，消费者不再向零售商（包括批发商等）下订单，而是直接向工厂下订单。不管是一瓶牛奶、一辆汽车、一部手机，还是一件衣服。而且，订单体现的是消费者个人的需要。比如，我要一罐 1000ml 的雀巢速溶原味咖啡，不要小袋装的，不要糖，多加牛奶等。

消费者直接向工厂下订单，对工厂、制造业的核心挑战是什么？不仅是有了机器人、信息技术、3D 打印机等硬件条件，**恐怕在管理上即管理思想、理念上会有重大的更新、革命。**

比如，商业领域的协作、共赢关系，我们现今未必已经更新。因为双赢关系意味着商业关系犹如熟识的亲友、同学之间的关系。如果我们仍然是熟人社会的意识境界，那么何谈建立协作、双赢的关系呢？

国内企业的当前状况能够跟上吗？还是刚好不能适应它的要求而被甩得更远？因为我们的专长或者说境界是关注在硬

件上。

更重要的是对人的要求更高。比如，人的严谨、认真、细致、诚实、务实、钻研、沉静、思考、深刻、协作等素质，必然是工业 4.0 的要求。而人的改变比买机器和技术，以及管理理念的引进、学习恐怕要难得多。这又涉及教育、职业教育等更基础的、更公共的领域。而教育的核心又在哪呢？这又与这个社会对人是什么样的看法紧密相关。

总之，**工业 4.0 要求的是整个社会的、人的整体的（思想、观念、意识和心灵）的改变**。否则必然跟不上它的要求。

第二章
善良的管理

1. 决策的责任

在工作中、生活中也一样，我们忽略、缺乏一个逻辑环节，即决策的责任。

管理者、老板、领导的核心职责之一就是决策。毫无疑问，这是其他人无法替代的责任和职能。决策有系统的方法，是艺术，也是胆识、见识，等等。我们在此不谈这个问题，是想澄清一个更基础的问题，也是一个隐藏很深、看似不是问题的问题。

作为一个管理者，在决策后是否有过这种心理：是你们的建议、方案、观点等不对，导致我决策错误。这个心理存在一个认识误区。

决策者的核心技能是决策的能力，决策的能力有高有低，有远见卓识、深具洞察力，也有肤浅、短见、昏庸、平庸。因此一旦决策失误，不仅有其他人的建议的问题，更关键的是决策者自己的决策出了问题。**即决策本身是职能、技能和职责，因此它也是要承担责任的。**

提供建议的人有其局限性和身份性，比如诺曼底登陆，气象专家提供的是气象预测和建议，飞机和伞兵专家提供的是飞行和跳伞的建议，而艾森豪威尔要依据这些专家们的建议做战略性决策。气象专家预测错了是他的专业能力不行，而是否采纳气象专家的建议，以及自己是否正确认知他的专业能力等，这是决策者的决策的专业能力的表现。

再如，当一个老板说"那个人才是假的"的时候，他有没有想过这个人才是他当初认定的人才呢？他还记得这回事儿吗？还记得他曾三顾茅庐请这个人才吗？因此，对于老板来说，那个人才是不是假的并不是关键，关键是他自己对人才的辨识及对人才在公司里的作用的观念和境界。

引进错误的人才，多半不是老板自己的失误吗？

而对那个所谓的人才的抱怨，岂不是决策者在逃避责任或对自己的认知的无知吗？

不是骄傲下的不认错吗？

这是说，**决策者千万要意识到自己的决策责任。意识到自己的责任，就会对决策的专业知识和能力的学习培养产生兴趣。**

而决策者正视自己的决策的责任，这是一个正派和有教养的人的体现。

2. 善待专业人士

专业、专一的魅力就在于心无旁骛和赤子之心。

这么看就清楚了：假设让真正的有赤子之心的专业人士更多地考虑人际关系，那么他就开始变得不专业了。因此，他本来靠其专业能力而受人尊敬的良好人际关系反而开始弱化。让他搞好人际关系的初衷反而被这个初衷引发的行为自身所消灭了吗？

所以，**"让专业人士多注意些人际关系不是更好吗"是一种肤浅的认识**。这就是追求面面俱到、两全其美的观念。这个观念所期待的事情本就不可能存在，而它折射出的不过是活在肤浅情感的境界和不愿意承担的冷漠自私的内心事实。

> 给专业人士提供更友好、宽容的工作环境，哪怕会遭到非专业人士由于感到不公平而出现的反对，才是善待、尊重、重视他们。

这是说，我们真的应该更加深刻地沉思、独立思考。否则，从市场角度来说，肤浅、庸俗就会导致整体资源的浪费、效率的低下。结果就是贫穷和无尽的冲突、不满、戾气、争斗、不平。即便富裕了又何来的幸福感？因为富裕生活是建立在愤愤不平的基础之上的。

给专业人士提供更友好、宽容的工作环境，哪怕会遭到非专业人士由于感到不公平而出现的反对，才是善待、尊重、重视他们。专业人士当然需要更好的人际关系，但是这需要别人的某种牺牲，而不是一味地要求专业人士的牺牲。

这本就是担当，是勇于解决问题，是深刻认识问题。也不再是明哲保身式的自私冷漠的思维模式。

3. 管理和人性

德鲁克的管理思想的核心就是人性。管理者个人的人性觉醒了，他的管理自然就成了。他如果是老板，就管好了一个企业；如果是高管，就管好了一个部门或业务单元；如果是基层管理者，就管好了一个小组；如果是政府人员，就管好了一个政府部门及相应的职能工作。如果是一个人，就管好了自己的工作行为和生活。

营销的一个核心是对人的生活的深刻理解或洞察。但营销者自身首先必须是人性的觉醒人，否则他又怎么能理解生活和人心呢？活在肤浅的物质层面里，就只有打价格战及用粗制滥造、压榨工人来获得低成本。这是黑暗、落后的力量。

所以，管理者和营销者不仅要学习管理知识和营销知识，更要展开对人、对自己、对生活的观察和探究。

人性如何被唤醒呢？

需要从承认自己内心是黑暗的这个真相开始。但是要看见真相，恐怕要从内心的痛苦和生活的苦难的经历中被惊醒开始。

比如，我们在对买产品的顾客大加赞扬、而对不买产品的

> 人性如何被唤醒呢？
> 需要从承认自己内心
> 是黑暗的这个真相
> 开始。

顾客冷脸相对的时候，是意识不到自己这么做的卑鄙、不正派、自私自利的阴暗心理的。我们一直在伤害别人，但是自己并未意识到。只有自己在没有买东西而被冷脸相对、被瞧不起时，在自尊心、尊严受到伤害时，才能意识到这种行为的卑劣。

假设一个极端的例子：人只有在被老虎、熊等猛兽撕咬而处在待宰羔羊般的地步时，才认识到自己作为人的尊严被彻底碾碎的伤害。因为自己的命运、生命被畜生主导。不过，我们平时不就是这么肆无忌惮地损害着别人的尊严吗？

> 我们的人性，就是在每一次的受辱、受伤、受迫害中被惊醒。

管理者，必须唤醒自己的人性。尊重员工，尊重消费者，尊重工作本身，尊重规则、制度、流程，尊重环境，尊敬弱者，尊重决策和承诺、合同，尊重专业、技术，尊重卓越，尊重认真负责诚实，等等。

我们的人性，就是在每一次的受辱、受伤、受迫害中被惊醒。

如果在重重的痛苦和苦难中，仍然被蒙蔽了心灵的眼睛而唤不醒人性，比如在管理中，还是在强调高效的同时无视员工作为一个人的尊严，我们就该认真考虑超越人之外的力量。

4. 360 度评估与自省

未来的企业之间的竞争，从某个角度说，就是**人性化的程度的竞争。**

比如，一个懂得尊重的企业，自然会尊重消费者，那么对消费者的理解就一定比不懂得尊重的企业要深刻得多。**这不是用什么工具和花多少调研费的问题，人本身的差异是关键。**因为一个尊重他人的人自然就会更好地倾听、观察、理解对方。相反，一个傲慢的人会真的听别人说话吗？他会认为给你说话的机会，已经很给你面子了。

再如，一家富有同情心的企业，对顾客的问题、困难自然就充满同情和理解，这是从企业的每个言行中自然地流露出来的，而不是流程、制度设计和培训出来的。相对比，一家自私自利把顾客当作赚钱工具的企业，它不管怎么培训和找人才，设计流程和各种制度，绝不会比富有同情心的企业的服务做得更好。

一家富有正义感的企业自然会留住真正的人才。那种任人唯亲、待人不公、赏罚不明、老板专制独裁的企业，留住的难道不都是阿谀之人吗？

建立起人性化的企业，首先，这是公司的价值观和企业文化的事情。也就是说，公司的价值观和文化必须转化为人性化的，即善意、友善、尊重、平等、同情、理解、谅解、宽容、自由及正义、公平、正直等。

所以，**问题就是如何建立起人性化的价值观和文化？**

那就是要建立起自我觉察、自省的企业文化。就如"360度评估"绩效考核方法。这不是管方法、工具的问题，而是在建立起一种互相评价和自我评价的机制和能力。

一般情况下，我们都没有养成认识自己、了解自己、自省、反省的习惯。我们习惯上是看向外界、看向别人的。因此，"360度评估"里依靠别人对自己的评价来认识自己就很重要。但是，最重要的还是每个人对自己的了解、自省。

比如，随着一个人的业绩的提升、经验的积累、职位的升迁、人际关系的熟悉，他慢慢会累积出傲慢心（这是每个人无法避免的）。但是他自己是不易发现这一点的。他意识不到自己的改变——由一个谦逊的怯生生的新员工，变成了一个颐指气使、刚愎自用、充满傲慢与偏见、听不进不同意见、不再倾听、专横的资深员工或经理。由一种"我要少发言"的心态转变为"别人要少发言，要多听我的"的心态。这是一个静悄悄的改变。

在做评估时，别人一定会指出来。但是，一颗自大傲慢的心又怎么能真的倾听别人呢？傲慢的本性不就是认为自己是对的吗？也就是说，一个人只有在工作中，在与同事的交往中，他看见、意识到自己的傲慢，才能激发出内心的革命。

> 自省不是方法、技巧的问题，而是在一个人猛然意识到自省的重要性之后，它就会自动发生。从此以后，这个人就活在一种时刻对自己进行审视、观察的心灵状态里。他会变得越来越仁慈、善良、正直和智慧。

事实上，看见、承认自己是傲慢的这一刻，就意味着内心的转化的发生。换句话说，傲慢的心是看不见自己的傲慢的，傲慢不认识、认不出傲慢自身。而只有一颗谦逊的心才能认出傲慢。就如黑暗是认不出自己是黑暗的一样，只有光明才能认出黑暗。

自省不是方法、技巧的问题，而是在一个人猛然意识到自省的重要性之后，它就会自动发生。从此以后，这个人就活在一种时刻对自己进行审视、观察的心灵状态里。他会变得越来越仁慈、善良、正直和智慧。

具有自省能力的企业，其竞争优势是发自内在的。它会不断地提高、进步，走向卓越，因为它里面的人在不断地提高、进步，走向卓越。它拥有源源不断的高尚的、有创造力的人才。

5. 服从和忠诚

强调绝对服从、忠诚（除了特殊工作之外），这是任务导向、企业和管理者视角的。但是对执行者（而执行者其实是大众）意味着什么呢？

其实，强调绝对服从和忠诚是把人变成不会思考、没有感情的机器。当一个人的价值观里加入了服从、忠诚之后，他就会严厉地约束自己服从和忠诚。也就是说，不再用别人逼着了，他自己就会把自己变成机器。

执行力与活力、创造力、尊重等都需要，企业应该力求平衡。尤其是对那些极端自私、懒散、不认真、没有责任心、奸猾、混日子的员工，更需要强调执行力。不过，需要防范的是，在强调执行力时，忽略、践踏了人的尊严。尊

> 执行力与活力、创造力、尊重等都需要，企业应该力求平衡。

> 企业还要谨防对人的服从和忠诚。而是将服从和忠诚指向事情、事业、工作、为消费者服务、创造价值等上。

重人性不仅是人类及企业未来的发展方向，而且受尊重的人也会被激发出执行力。这是积极主动的、使命感的执行力。

这就提示**企业还要谨防对人的服从和忠诚。而是将服从和忠诚指向事情、事业、工作、为消费者服务、创造价值等上。**在道德和人性上，每个人都是类似的，谁有资格要求别人对自己绝对服从和忠诚呢？恐怕唯有至善（神）才配得上人的绝对服从和忠诚。

这就如要求妻子敬畏丈夫，就是在要求丈夫必须敬畏至高至善的那一位（神）。

6. 企业中的权力恶相

对于企业的高管、老板们，有一个致命的薄弱环节，就是权力使他们变得极端的傲慢、武断、专横。

这是被权力宠出来的毛病。在不知不觉中发生。那是很舒服的感觉。自己畅所欲言，而且觉着自己高瞻远瞩。当然，高瞻远瞩是阿谀奉承和服从下的错觉。畅所欲言是真的，每个人都有表达的欲望。**权力给了他机会去畅所欲言，也就同时剥夺了其他人畅所欲言的机会，因为需要他们做听众。**

他们的惯常行为就是不断地发号施令。连讨论、研讨、听课都是指导性的，除非遇到比他们职位高的人。他们完全不听别人说话，不仅是打断、任意的评判等外在表现，还是他们的内心根本是关闭的。这让说话人感到心里特别堵得慌。实际上，这是非常严重的对人的不尊重。

别人只能顺着他们，奉承他们的观点。对于不同的意见，他们不是不同意，而是根本就不听、不让说。另外，对于他们不感兴趣的话题或者他们认为谈完了的话题，也立即就不再听了。总之，别人只能顺着他的观点及他感兴趣的话题。

有些人也能做到礼貌、礼贤下士、谦虚，但那是假的。他微笑着听你说话，其实根本没听，他关注的是给别人留下自己谦虚、礼貌的形象。

能与他们在一起工作的人，必然是等级意识，或私心极重，或野心勃勃，或别有用心的人。这样的企业怎么能有创新和真正的人才呢？

这是传统文化中对权力崇拜的遗传。它存在于每个人的内心深处。挖出来，然后探究它，这是每个人的责任。

7. 没有价值观的企业必定失败

一个没有价值观的企业，或者说一个以金钱为价值观的企业，是无法在未来的市场上生存发展的。

人的精神境界在不断地提高。消费者会选择，他们会越来越清晰地闻到企业行为中的铜臭味，包括在其产品、广告、营销、慈善等活动中。闻到了，自然会厌恶。因此，产品

> 一个没有价值观的企业，或者说一个以金钱为价值观的企业，是无法在未来的市场上生存发展的。

好、广告漂亮、渠道优势等不是重点，而是企业的价值观。

没有价值观的企业在未来会失去顾客、客户、消费者。这毫无疑问。人们在满足了温饱和享受物质之后，很快会意识到精神境界的问题。比如，人们开始对旅游、运动、精美的产品等感兴趣，这就是开始关注精神体验的表现。随后，心灵的空虚必然会引导人们走向艺术、宗教、哲学，以及对真善美、正义、自由、平等的追求。

什么是企业的价值观？

比如，如果是发现了中国人吃早餐的问题而想要改善早餐才建立的公司，这就是价值观导向的企业。如果看到早餐市场的赚钱机会而投资建立公司，那就是赚钱导向。前者意味着善、进步。

要做就做到卓越，不作恶，保持家庭与工作的平衡，产品里必须体现出美，等等，这些都是美好的、积极的价值观。只要我赚钱就行（不管污染问题，不管那些我不认识的人，即消费者），有奶就是娘，只顾自己享受、哪管日后洪水滔天，搞关系、走捷径，等等，这些是黑暗的价值观。

而这样的企业怎会有竞争力？这样的企业的成功岂不是祸害？因此，从价值观的角度来看，国内的一些企业有严重的问题。一部分企业本质上就是损害有机体的癌细胞。

只有当我们都看到了只顾自己赚钱而不择手段的价值观，就像看见毒蛇一样立即逃开，企业才会涅槃重生。所有人的福祉也就到来了。

8. 管人的核心是管人的心

不仅是创新、洞察力，对于公司的管理来说，如领导力、企业文化、价值观、愿景、使命等，以及凝聚力、认同感、员工积极性、团队精神，都与了解人性紧密相关。只有了解了人性才能激发和有效地组织人们的工作。比如，领悟了尊重和平等，自然会做到它，然后会受到员工的尊重、信赖，这就是领导力。

因此，对于公司管理来说，了解人性即了解自我，就是自我提升、自我超越的过程。而这就是在提升领导力、管理能力，建立团队精神，提高积极性，等等。

一个傲慢自大的人，又怎么可能在他的领导下建立起团队精神呢？他必然会压制不同意见，不能容纳挑战他的人，使人不敢说话。也必然会经常训斥人，使有才能的人离开。因此，他必须通过自省而认识到自己的傲慢，并进一步地去探究傲慢是什么。这才有可能超越傲慢。

管理的核心是管人；管人的核心是管人的心。那就必须了解人心。而且不能停留在诸如我知道人性是自私的这个层面，而是探索自私是什么，它是怎么运作的，它的根源是什么，它是怎么给人带来痛苦和苦难的。

> 管理的核心是管人；管人的核心是管人的心。那就必须了解人心。

怎么了解人心呢？**只能从了解自己的心开始。因为别人心里的自私与自己心里的自私本是一个事物。**而且，在自己心里看见的自私是自私本身，不是概念、观念。这才有转化的力量。

> 只能从了解自己的心开始。因为别人心里的自私与自己心里的自私本是一个事物。

自己的心一直都在，并且在活动着。**去看就行。**

当我们知道向外看是看不见人心的时候，注意力就自然转向自己了。

9. 中国企业问题的根源在信仰

企业的问题本质上是人的问题。而**人的问题本质上是什么呢？是信仰。**信仰意味着人的"我"的地位在下降、降卑（直至最低——意识到自己是被造物）。然后，自然地就绽放出爱和公义之花。

因为只有一个人在心里说"我又算得了什么呢"的时候，才会有"原来他在这啊，原来他与我一样，也有想法、观念、感受啊，原来他是这么想的啊"等，才会看到他人，才会尊重、重视、理解他人，才会意识到不仅谋求自己的幸福，也该为他人的幸福着想。在企业里，这个他人就是员工、消费者及所有相关的人。

有一篇采访"管理之父"彼得·德鲁克的文章写道：

"1989 年 4 月,《今日基督教》(Christianity Today) 杂志专访德鲁克,头一个问题就是关于他的注意力为什么在晚年的时候从公司转向教会,德鲁克对此的回答是:'就我所知,恰恰相反,我开始对管理感兴趣,是因为我对信仰和制度的兴趣。'"

"《公司的概念》将公司还原到产生公司的特殊社会土壤中,奠定这个土壤根本的是德鲁克在克尔凯郭尔那里看到的价值观,即社会制度和社会组织本身都不是目的,它们都是服务于高于社会存在的上帝意志的工具,其中的人不是为了达到社会目的的工具,恰恰相反,社会被上帝用来实现他赋予人的使命。"

很清楚地看到,德鲁克的管理理论的大厦是建立在对基督教的信仰的基础上的。如果我们认同德鲁克是管理之父,认同是他奠定了现代企业管理体系,这意味着不管我们有没有信仰、信不信基督教,我们的企业运作和所有的工作都是在运用基于信仰的理念、方法、工具。

但是,**在没有信仰即高举自我之下,人(企业)就会被私利(企业对利润的追求)、个人化的偏见(个人目标的实现优先于企业的目标、满足消费者需求的目标乃至更高精神领域里的公义、仁慈、爱等基本法则,其实就是把满足个人即满足自我,当作唯一的目标)所控制。**

其结果就是我们现在遇到的情况:价格战,恶性竞争,山寨产品,没有创新能力,做低端市场,在价值链中只能承担制造、加工的环节,无品牌,对待工人、员工苛刻(企业利润低),没有团队精神,没有对人的尊重,无领导力,粗制滥造、假冒伪劣，没有社会责任感。比如污染问题，不可持续发展，效率低下、浪费资源，靠搞关系做市场，完全无视消费者需求，无远见，没有健康的企业文化，没有愿景、使命，等等。

其实我们都清楚，根本问题是在于怎么建立起信仰（以及建立什么样的信仰）。实际上，这超出了人的能力的范围。如果人能决定自己的信仰，那么，这个所谓的"信仰"就还是在人之下的。不还是高举自我的产物吗？这个信仰不还是包含着人的自私的所有黑暗的属性吗？它就不能带领人走向光明。

因此，只有人觉着自己不行、无能、不配，觉着自己渺小、卑微的时候，真正的信仰才降临。这是祝福的到来。

这就是悔改！

10. 做有关怀和责任的领导

马云在德国汉诺威博览会上演讲时说道："而且我强烈相信，在未来的世界，我们会有很多女性领袖——因为在未来人们将不会只关注肌肉力量，而会更加重视智慧，重视关怀和责任。"

> 关怀意味着主动承担起别人的痛苦、烦恼、苦难。

其实，我们现在的管理依然是靠权力和能力。靠能力进行管理已经是很大的进步了。**人们对能力的臣服其实就是对权威的崇拜即权威意识**。我是老板、经理，下面的人自然会听我的。我是名牌大学 MBA 毕业的，员工们自然会信服我。这是落后、黑暗的管理方式。我们必须厌恶地抛弃它。

关怀意味着主动承担起别人的痛苦、烦恼、苦难。一个绩效不好的员工是痛苦的。他担忧奖金，甚至被砸了饭碗，活在公司和领导的不好看的、责怪的脸色、眼神、语气的无形压力下。而一个有关怀之心的领导，他不忍心看见这个员工的痛苦，就不会逼迫他，反而是安慰他。

他可能家庭负担太重，自己也是能力平庸，但有关怀之心的领导会欣然接纳他这一点。员工的心里是温暖和充满安全感的。虽然这不一定能提升他的业务能力，但是在被爱的环境里，他的内心也会生长出爱。假设他是一名销售员，他的爱不就自然而然地传递给客户了吗？一家公司还有什么东西能比爱是给客户最好的奉献呢？

责任意味着主动担负起别人肩上的担子。仍然是对前面提到的那个由于能力平庸而绩效不好的做销售的员工，传统的权力型的领导自然会选择逼迫或换人，因为这是员工的问题。但是有责任意识的领导，他会视这个员工的问题为自己的问题，至少担起一部分的责任。他会默默地帮助这名员工做些客户工作，他的工作的成果就归于那名员工的名下。这就如父母更关心生活的不好的儿女。

同样的，这名员工的感恩之情就会流向客户、同事，甚至流向生活里遇到的所有人。

因此，从自私的角度看，**有关怀之心的领导承担了本不是自己的痛苦的痛**

有关怀之心的领导承担了本不是自己的痛苦的痛苦，有责任意识的领导担负了本不是自己的事情的事情。

苦，有责任意识的领导担负了本不是自己的事情的事情。这不是人类走向仁慈、爱、正义的方向吗？此刻，再看权力、权威、自私、傲慢、恐吓、逼迫、自扫门前雪的冷漠，它们是多么的丑陋和邪恶啊！

关怀、责任会成为企业的价值观吗？

我们会羡慕和追求这样的领导力吗？

我们愿意成为有关怀和责任之心的人吗？

这意味着对私利的一种牺牲。但是，舍弃的必会加倍地回来。

我不认为我们现在到了甘心这么做的境界，也不认为我们真的看见关怀和责任的人及企业的美，但是鲜明地提出来它们，尤其是由有名望的人提出来，它们就能成为美和善的镜子，就能照出我们丑陋和肮脏的内心。我们就不再自我良好地活在欺压和被欺压里，而是感到忧伤。

一颗忧伤的心，是被祝福的！

11. 中国式管理来自哪里

> 这种不承认自己的不足、落后和事实的心理、性格、境界，正是落后的根源。

如果说中国企业的成功，那就先从真心承认自己不行，是西方企业的学生开始。而**热衷于搞中国式管理，这不过是幼稚的虚荣心的反映。这种不承认自己的不足、落后和事实的心理、性格、**

境界，正是落后的根源。因此，越是想着"我们要有自己的管理模式、我们不比别人差"，实际上，刚好是走在继续落后的路上。

什么是中国式管理？日本有精益管理、5S 管理等，并获得辉煌。从我们的现在来看，事实存在的中国式管理模式恐怕就是，一言堂的权威模式和能人模式。也就是，一只凤凰领着一群鸡找食的模式。而这只凤凰之所以成为凤凰并不是他具有美德和智慧，而是他在道德上更无底线、更自私、更野蛮、更有胆量迫害他人、更无视规则、更无良知。

我们寄希望于用儒释道等提倡的美好理念打造出一个中国式管理模式，诸如仁义礼智信、慈悲、无为、忠孝等。问题是我们能用那些美好的理念，如仁，建立起中国式的管理模式吗？以仁为价值观的企业能存在吗？真实的问题是，一个人能成为以仁为价值观的人吗？

仁义礼智信、慈悲等观念毋庸置疑，各个文化、宗教都是在提倡类似的观念，问题是认为通过灌输给人那些美好的观念，就会让人变好。**其忽略的、缺少的（或者说其错误和无知之处）是，人对自己的恶的承认和悔改，以及依靠人之外的力量改变人的信仰。**

也就是说，与中国文化相对立的一条道路是：人通过先彻底地否定自己是善的和有向善的能力，期待被人之外的力量更新。在此我们无法辩论这么宏大的问题，我们仅需正视这样一个问题：一个污浊的人能自清吗？被污浊的就是自己，而不是自己的一部分，因此那个清理自己污浊的人又是谁呢？还是自己。所以这意味着一个悖论、一个逻辑陷阱。

> 一个自私的人只能先承认自己是自私的，并发自内心的痛恨自私性，他才有可能变成仁人（谋求别人幸福的人）。

一个自私的人只能先承认自己是自私的，并发自内心的痛恨自私性，他才有可能变成仁人（谋求别人幸福的人）。他不一定会变成完美的仁人，但是在他憧憬着、向往着成为仁人的内心路途中，他变得越来越像仁人。

企业也是一样，也得先从悔改开始。

12. 将核心业务与社会责任结合

《哈佛商业评论》的主题更多的是在讨论企业的社会责任，以及管理者自身的培养和转化。这应该就是全球管理理念的核心方向。

比如，人的成长环境是倡导内敛、低调的，那么这种气质或性格适合做管理吗？怎么管理开放、创新型的企业？如果不适应，那么作为管理者的个人怎么办呢？转化自己，还是坚持本色？这些是多么美好和深刻的话题啊！就如探讨一个管理者的气质、性格和适应性及转化，这不仅是企业的问题，也是他个人的幸福问题。一个人的工作的适应、喜爱、成功与否，对他的生活及幸福感是多么重要啊！

《哈佛商业评论》对社会责任的探讨同样美好和深刻。比如，在企业里设置社会责任战略和执行官，表现了企业对社会责任工作的真诚和执行上的决心。**企业还可以从承担社会责任的三个层次上看见自己的位置：做慈善，企业内部福利、节能等，企业核心业务与社会责任的结合。**

因此，可持续地、真心地承担社会责任是企业把核心业务和绩效与社会责任紧密结合。单纯的慈善，或做与自己的业务无关的公益事业，不可持续。责任感也许不是很强烈。

可持续才是真心的善，而不是情绪的、情感的发泄。

> 可持续才是真心的善，而不是情绪的、情感的发泄。

捐款比较省心，而与核心业务结合的公益慈善事业最费心。

比如，一家连锁洗衣店如果是在强烈的社会责任感下做慈善和公益，就应该把所有的慈善公益资源投入节水、环保或服装厂的环保、对人体健康等方向上，还可以关注促进儿童服装的健康指标达标、管理、提高等。这些都是与洗衣店的核心业务紧密相关的事情。

显然，企业主根据自己的兴趣和情感、经历做慈善公益，远远比帮助服装厂促进其儿童服装的健康指标达标，要轻松得多。

像《哈佛商业评论》这样深刻而正直的探讨，其实是在带动全球企业走向真实的善和正义。他们通过不断地思考和评论，在撕破伪善和阴暗的自私心的面具，以及肤浅的自以为是的善和正义。

> 谈论企业的进步，也就是在谈论人的进步。

谈论企业的进步，也就是在谈论人的进步。

13. 树上的毛巾

教导子女"要倾听自己内心的声音，不要从众"，这是领先和人性的教育。但其出发点还是让人过得更好的自私。不过，**父母们主流的教育还是强调如何成功、赚钱。这其实在给孩子渗透冷酷、无情。**或者说是任由孩子的冷酷、无情像野草一样滋长（从人性已经堕落了的角度说）。

因此，由冷酷、无情的人操作的资本、赚钱、商业、利润，就更加冷酷、无情（本来资本、市场的本性就是毫不掩饰的自私）。不过，人们的人性在觉醒，这是一个全球化的现象和趋势（虽然我们还陷在自私的黑暗里，但是我们总是会被带着向前跑的）。因此，**人们越来越关注商业及一切行为中的正义和良知。**

企业通过市场赚钱，然后，意识到感恩和回报。因此，我的善行不再只是去庙里捐钱（这不还是为了自己吗），而是采取行动回报给消费者即大众。比如，尽量研究降价、降低成本的机会，开发专门给贫困人口的产品，直接将钱资助给贫困的人们，致力于参与消除不公平、贫富不均的政策的制定等。

素食是慈善吗？不一定是（也许是赚钱的噱头，只是一种商业模式而已）。比如，很多素食馆价格非常高。欧洲某些咖啡馆多留一份咖啡给那些无家可归的人喝，这是善行。加拿大人在树上系

> 真正的善行是真切地解决一个问题，哪怕问题再小。而不是给予你认为是好的东西。

上毛巾，供路人随意拿取，这是善行。**真正的善行是真切地解决一个问题，哪怕问题再小。而不是给予你认为是好的东西。**

真正的慈悲行动应该是什么？

四处宣扬善就是善行吗？

我是否时刻地注意到周围的人（如公司里的同事、下属，路上遇到的那些可能会用自己产品的大众）的痛苦、纠结、焦虑、失望、悲伤、无助、恐惧？

而企业的产品是直接给贫困的人们开发的，它功能简单而有针对性，耐用、坚实，公司只留很低的利润，这一切的努力就是为了价格低廉。这才是商业中的慈善。

商业中的人性，已经成为社会的事实。

14. 别让你的员工饿肚子

《哈佛商业评论》中有篇文章《别让你的员工饿肚子》中结尾一段话写道："在有关各方中做出取舍，是董事会的责任。如果你是公司董事会的一员，你的公司员工薪资很低，需要领取政府资助方可维生，你不觉得难为情吗？这样的公司大都爱说企业员工亲如一家，但什么家庭会让家庭成员饿肚子呢？你

还在等什么？快去改善这种局面吧。"

除了经营和盈利的问题，这段话其实说的是道德或人性的问题。

这就好比这种情况：我能尽量减少一些自己的享受标准、需求，而帮助一些生活在困苦中的人吗（少坐一次头等舱，剩下的这些钱也许会对另外一个人的生活有重要的意义）？还是说，我挣钱、奋斗、开公司、努力工作，不就是为了自己和家人的享受吗？

这是两种截然不同的人和价值观，实际上，他们的心灵、灵魂活在不同的世界里。一个仁慈、为他人的幸福着想；一个自私冷漠，只顾自己的幸福。

就如有些人会舍弃开车，因为他感到要为地球做点什么，意识到自己对环境污染的一份责任。这是他灵魂深处的声音，实际上他是无法抗拒的。甚至他会为舍弃开车而常常感到痛苦的挣扎，私欲、享受、安逸、虚荣心一定会挑战他为了环保的舍己行为。

而大多数人是由于买不起车、买不起好车而痛苦。他们刚好是污染问题的制造者。这就是善恶之间的斗争，就发生在朋友、同事、亲友之间。只不过这是没有刀枪、暴怒的斗争。最终，善与恶谁获胜，就在于有多少人在爱、仁慈、正义里觉醒了。

其实，此刻会让我们意识到：原来我是个只顾谋求自己幸福的很自私的恶人。

我认为谋求自己的幸福是天经地义的事情。看不出开车的

自私的恶，感受不到对环境的责任。觉得那些环保人士有些怪异、不正常。

而在企业里就是，斥责一个绩效不好的员工、辞退一个平庸无能的员工又有什么不对呢？是我的企业给了工人们饭碗，这不是事实吗？我过着优越、富裕、奢侈的生活，这是我的努力和家庭恩惠的结果，员工们的贫穷生活是他们的平庸、懒惰和家庭环境的结果，我要是帮助他们，那是我的慈悲心和恩惠，等等。

可是，在一个仁慈、爱心和正义的人看来，越是业绩不好的、平庸的员工，就越是要给予更多的同情、帮助、关心（这对他来说是发自内心的责任，不是恩惠）；作为老板的他认为员工是来帮他的；他认为只要存在着贫穷的人，他自己的优越生活就是不正义的；**员工的生活贫穷，这是他作为老板或管理者的羞耻。**

这样一颗仁慈、正义的心，是从哪里来的呢？是由一颗这样的心为中心而传染开来的吗？更重要的是，我们愿意被他，即爱和正义传染上吗？

> 员工的生活贫穷，这是他作为老板或管理者的羞耻。

我们正走在西方企业几百年前所经历过的路上。先是残忍、冷漠、傲慢、自私，蔑视和歧视贫穷、劣等、身份卑微的人，甚至是妇女和儿童，欺辱弱者，嘲笑失败者，同情心、怜悯心只在家里和同阶层的圈子里才出现。那是黑暗、悲惨的时代。劳资关系、企业与消费者的关系都是无情、冰冷的。

但是，爱和正义也同时在黑暗里孕育着。慢慢地，从一颗颗痛苦、悲伤、伤痕累累的心里生长出来。

这就是我们的希望。当我们的心伤够了、伤透了的时候，爱和正义就来安慰我们了！他的光给了我们温暖。他会柔和地说：不要再忧伤了！

> 爱和正义也同时在黑暗里孕育着。慢慢地，从一颗颗痛苦、悲伤、伤痕累累的心里生长出来。

15. 管理的未来

企业，管理，企业主、职业经理人，投资者，以及非营利组织，公益组织，社会企业等，必将会面临一个新的课题，或者是新的改革方向，或者是新的机会，即认识自己、转化自己。

当讨论着、学习着企业、管理、执行力、团队精神、价值观、流程改造、品牌价值、渠道设计、谈判技巧、销售业绩、新产品开发、商业模式、招聘面试、战略等的同时，是否注意到那个正在谈论、学习这些的人？

那个正在谈论执行力的人，他知道自己是否具有执行力吗？

那个谈论尊重的人，他是否是一个还抱有等级观念的人呢？

他知不知道自己是不是一个傲慢、偏见的人呢？

当谈论销售技巧时，他是否知道自己是不是一个开放的、有勇气的、有韧性的人呢？

当设计品牌广告时，是否知道他自己具有艺术气质吗？

……

知道尊重，与做到尊重是两件事情。是否知道自己是不是一个尊重的人，又是一件事情。想要改变自己的不尊重又是一件事情。

知道尊重，与做到尊重是两件事情。

我的傲慢，或者我被经验所困，是我这个人的问题。这与MBA学历无关。我的胆怯，是我的问题，与我懂得多少销售技巧无关。

随着职位的提升、经历的积累，傲慢是自然出现的。越是经历深厚，越是容易被经验所困。问题是，我知道吗？**我知道自己被经验所困吗？知道自己已经是一个傲慢的人吗？**

我知道自己被经验所困吗？知道自己已经是一个傲慢的人吗？

知道了，才有可能转化。也就是说，才有可能谦卑。自己的谦卑，就是别人的高大。在企业，就是消费者和同事乃至工作本身的高大。这就是消费者导向、尊重和职业精神的建立。

而谦卑的本意是，不再爱自己，而是恨恶。这就进入一个新的世界——那么的明亮光彩。

而谦卑的本意是，不再爱自己，而是恨恶。

16. 我又算得了什么

企业一般都有愿景声明。不过，我们都知道，大都是停留在口头和书面上，其实它并不存在于我们的企业里。愿景作为管理的一项内容、一个组成部分、一个常规的部分，为什么不能在企业里真正地执行和存在呢？

什么是愿景？不是说它的定义和概念，而是在此刻，你、我的心中的愿景是什么呢？

我们做企业，为企业工作，难道不都是为了赚钱吗？这就是我们的愿景。这是一个事实，不用论证。看看自己的内心就知道了。

所以，我们的问题不是不懂愿景，不会应用愿景，而是我们的愿景是什么。或者说，我们的问题是，我们的愿景是低级、自私的，无法带领企业走向更高的经营水平，走向世界，走向受人尊重，走向一个有价值的品牌。

> 我们的愿景如何从只为了赚钱、物质利益、自我的利益，转向到更高层次、精神世界、利益众人的方向上呢？

那么，**根本问题是，我们的愿景如何从只为了赚钱、物质利益、自我的利益，转向到更高层次、精神世界、利益众人的方向上呢？**

企业的产品、技术、品牌、创新精神、勇气、不懈的奋斗精神、工作的动力、理想、管理和经营才能等，自然会给更多人带来利益，因此，企业或员工的工作，是以给更多人带来利益为核心吗？个人的理想、动力是不是以惠及更多人为目标的呢？

这就是卓越的愿景。

一家生鲜超市以让人们吃上安全的生鲜食品为愿景；一家小家电厂商的愿景是让人们的生活更智能化；一家书店的愿景是向人们推荐促进人类进步、文明、人性、爱的书；一家快递公司的愿景是让人们的生活不受丝毫的打扰。等等。

企业是由人组成的，那么如何改变人心呢？

如何让这些美好的愿景装入人心呢？

怎么能让公司每个快递员都想着尽量不要干扰收件人而送货呢？

怎么能让书店的每个店员都对教人们怎么赚钱的书嗤之以鼻呢？

怎么能让生鲜超市的理货员为有机食品、绿色食品的缺货的着急程度超过普通食品的呢？

本质上是，我们的自私心怎么能弱化一些呢？

我们怎么能高贵地活在先拿出自己的好东西去交换，而不是掠夺、榨取、争抢的贫贱心态里呢？（这就如男士以自己的美德去吸引喜欢的女士的青睐，而不是欺男霸女式的蛮横、无赖、自私）

那就是**不要再自我捧高了，而是自我降卑**。贬低自己的重要性、价值。降卑自己不是说"我很差劲、我没文化、我不懂"，而是说"我又算得了什么呢"。

我又算得了什么呢

当我们认识到人不过是存在于生于泥土并归于泥土的身体里的一个孤苦并被污浊的灵魂的时候，祝福才有可能到来！

17. 人才和求才

任何一家公司都缺人才。这不是说"人才市场"中的那个"人才"含义，而是有真才实学的人才。尤其是指那些作为公司高层的管理人才、综合人才及专业人才。

企业求贤若渴，礼贤下士，给予重金、高薪，给予高位，给予礼节上的尊重，给予生活上的无微不至的照顾。不过，问题是，这么做的动机是什么呢？显然，是为了自己的公司。而且，这不是天经地义的吗？

那么，人才找企业、找发展的平台的动机是什么呢？也是为了自己的理想、抱负、人生价值、利益的实现。这也是天经地义的。

从求贤若渴和身怀绝技、胸怀大志的双方的各怀私利上，我们也许感受到了一丝不美好的东西。他们是值得我们尊重和推崇的真"英雄"吗？我们若推崇他们，那么我们自己不也是处在谋求私利的境界上吗？只不过我们没他们那么有钱、有才干罢了。

什么是人才？

他首先不是一个比普通人更具美德的人吗？将个人利益、物质、个人野心放在第一位的人，是一个具有美德、高境界的人吗？

什么是企业家?

不也是要看他的精神境界、价值观、社会责任感、志向的高远与否吗?为了自己或自己企业的私利、物质、个人的野心而奋斗的人,怎么能称得起是企业家呢?

为了自己或自己企业的私利、物质、个人的野心而奋斗的人,怎么能称得起是企业家呢?

因此,人才与求才的问题,不就是有着共同的高远的志向、社会责任感、正义和良知的人才和企业家,走到一起来,共创一番事业吗?

这样的事业,应该被称为"伟业"。

18. 以德观人、观企业

人类的心灵也在进步,一步步地从野蛮走向文明。自然的,人们开始对一个贪婪、追逐利润、只知赚钱的企业感到作呕,而不是羡慕其辉煌的成功、庞大的规模、巨额的财富。

人们很清楚,他们的财富和规模是怎么来的呢?不就是从每个消费者身上挣来的吗?如果企业并未有些感恩、回报的举措,并未担负起一定的社会责任,并未引领行业走向高效、创新、正义、改善人们生活的方向,而是傲慢、自负、自大地挥斥方遒、颐指气使,那确实是有令人作呕的感觉的。

消费者在成熟和觉醒。评价一家企业的标准不再是仅看其盈利能力、品牌的名气、产品的好坏等,而是它的价值观、社会责任感、对环保的贡献,平等、尊重等人性化的觉醒,艺术

和美的品位，正义、正直的美德等。

对企业家、经理人的评价，也不仅是看他的财富、他的发迹史、他的人格魅力，而是他的人品、美德、对社会的责任、对员工的尊重和关心、对人类的贡献、对正义事业的支持等。

因此，一个人，一家企业，要想立足未来，获得成功和尊重，就必须关注自己的人品、美德、正义、正直、仁慈、敏感的艺术素养等。

这意味着越来越多的人会意识到：拼命挣钱就是为了自己及子女的享受，以及越舒适、越高档、越奢靡、越称心、越超越别人，就感到越自豪、越满足、越觉得自己成功，这种价值观是可耻的，是低贱的（非贵族式的）。

崇拜这样的人岂不是很傻和可耻的吗？岂不是仍然抱着可耻的价值观和有着一个幼稚无知的头脑吗？

19. 让不正直的人恐慌

我们缺的不是理念，而是真。

当我们说着"要尊重员工"时，我们的哪个行为是在尊重员工呢？

当我们说着"要尊重员工"时，我们的哪个行为是在尊重员工呢？

我们考虑业绩、完成指标更多，还是考虑员工的感受、内心的快乐、生活、理想向往、烦恼更多呢？

我们可能尽量地压缩休息时间，压缩公共休假时间，更别提企业内部的年假了，这些怎么能说是尊重呢？

我们经常讲"要诚信，诚信是生意之本、做人之本"，可是，我们轻易地制作着或同意了那些夸张的广告词。我们热衷于学习钩心斗角，而不是学习和吸收"谈判的本质是妥协"这样的道理。我们张口闭口的"双赢"，内心里却从未考虑过对方的利益，而是在考虑自己的利益最大化，考虑如何从对方身上拿到最大的利益，榨取最后一部分利益。

我们说致力于满足消费者需求，但是在产品定价时，考虑的只是自己的获利，而不是产品给消费者带来的价值有多少。我们说"消费者是上帝"，可是却为了压缩成本而偷工减料。

我们的哪些行为是在满足顾客需求呢？

哪些行为是在了解顾客需求、分析和思考顾客需求、从顾客需求角度思考产品和服务、了解顾客的满意度？

我们喊着顾客满意度这个概念、理念，却对顾客满意度做了什么呢？

我们对调查来的顾客满意度的反应是什么呢？

我们有快速响应顾客吗？

在管理中（也就是在做人的层面）也一样。

比如，我们提倡包容，但对不同意见却火冒三丈，心生怨恨、嫌隙。

我们提倡赞美和鼓励，却每次面对下属的错误都声色俱厉。

我们认同做人正直，却在遇到问题时还是忙着四处找熟人、搞关系，由于嫉妒而打压同事。

这种"说一套做一套"实际上就是不正直。不正直的人就是已经彻底扔掉了道德和良知控制的人。

其实还有更严重的。**任何一个社会里可能都是正直的人少，甚至很少。但是一个正常和理性的社会里，那些不正直的人在做不正直的事的时候，是害怕的、恐慌的、不自然的。而我们却是让正直的人在行正直的事的时候，感到恐慌、是另类、被排挤和逼迫。实际上，这背后起作用的是正、邪两种无形力量。**

面对自己内心里的邪恶力量，不再做它的奴仆，而是起来与之争斗。

我们需要立即做的是，**面对自己内心里的邪恶力量，不再做它的奴仆，而是起来与之争斗。**与那个一直在控诉正直的邪恶力量不懈地争斗。

我们是一家正直的企业，是一个正直的人吗？或者说，是一个正在与内心的邪恶力量进行争斗的企业和人吗？

20. 分享收获

伊丽莎白·亨德森和罗宾·范·恩所著的《分享收获》一书中写道："为了更好地管理实习生，**一个主要的责任就是教给他们并分享所知道的东西。**如果你不想花时间解释你为什么要做你正在做的事情，只是想快点训练好他们并安排工作，你就不应该考虑招募实习生。"

从他们说的话里看到了两颗多么美和善良、正直的心啊！

企业经常招募实习生。我们是为了省钱（实习生是便宜的劳动力），还是真的想培养自己需要的、行业内、管理上的人才呢？最可能的情况是，我们就是为了省钱，却说是为了培养后备人才。若是这样，面对上面那两颗美丽的心，我们不感到羞愧、无地自容吗？

企业在倾听实习生们、年轻人们、刚毕业的学生们谈论他们的理想、人生向往吗？

企业愿意把自己的知识、经验教给他们吗？

愿意并花费时间、精力告诉他们，你为什么做正在做的而不仅仅是告诉他们如何做。

这些实习生、刚毕业的大学生是别人的孩子，因此他们是员工，是不易找到工作的可怜人，也许还是自私自利、懒惰、任性、不认真、爱玩的、不知负责任的不成熟的人。我们自然对他们的理想、前途、好恶、喜怒哀乐、未来的生活毫不关心。他们只是为我所用，是我和企业的工具。这就是我们冷漠、自私、在人类幼稚状态的、对爱完全未觉醒的心。

他们要是自己的孩子就截然不同。一切就都反转了。别说如何关心、照顾和教育了，甚至为了自己的孩子而损失自己及企业的利益都在所不惜。**我们苛待别人的孩子，宠爱自己的孩子。可是，还没意识到吗，你的孩子正是别人眼里的别人的孩子，因此会同样受到苛待。他们走上社会后举步维艰，心灵不断地被虐待，最终背着一颗伤痕累累的心度过一生。**

哪个家长看见自己的孩子的伤痛及悲伤的人生而不痛心万分？那我们就从善待别人的孩子开始吧！他们就是那些被你招

募的实习生、大学毕业生，以及我们遇到的所有人。

这既是打开了爱的心，也是打开了智慧之眼。

当我们的亲人在地震的地区时，我们对地震地区的忧心、关切，与地震地区没有自己的亲人时是一样的吗？**我们对陌生人的冷漠与对家人的关切的强烈对比，正是我们落在人类文明和进步的后面的表现。**

人类的文明进程恰是从亲情、血亲观念里走向对"人"、生命的普遍的爱。这个爱不是感情、情绪，而是尊重、公平、正义、正直、平等、自由、理解、包容、宽恕。更进一步，那就是爱人如己。

因此，只有在我们诸如尊重别人的孩子与自己的孩子有完全同等的教育权、工作权等的时候，我们才算是走进文明世界。

21. "人"才是价值重心

管理大师德鲁克在他的自传《旁观者》一书中说："墨守成规的也好，传统的也罢，甚至极其无聊的人，若谈起自己做的事、熟知的东西，或是兴趣所在，无不散发出一种特别的吸引力——每个人自此成为一个独特的个体。"

其实，他表达得很清楚了，德鲁克的管理思想的根基是以"人"和"个体的人"为核心，而不是概念、观念、群体意识。

因此，我们是这样的人吗？是尊重人性、个体而超过概念、观念、群体意识的人吗？如果不是，那么即便是熟读、牢记、理解深刻、认同他的管理思想，又怎么能在企业实践里用得上呢？

在我们热炒、熟谙德鲁克之后，又有几家企业真正地用上他的管理思想呢？如果我们的深层意识不改变，还停留在被观念、概念、群体意识所支配的生活状态中，又怎么能用得上他的管理思想呢？

如果我们认为公司利益、部门利益大于公司内部的某个人的利益，那就无法应用德鲁克的管理思想；如果我们在"挖公司墙脚太可恶了"的观念下，越过公司制度、规定而严厉地惩罚当事人，就无法应用德鲁克的管理思想；如果在忽略工人作为人的感受的前提下讨论管理模式、作业方式，就无法应用德鲁克的管理思想。

因此，我们应该先检视我们自己的内心和意识深处。看看那里都装着些什么，然后清除那些阴暗的、将人带入苦难的邪恶观念。

德鲁克给企业和管理带来的是人性之光。这才是我们该学习的。我们只能先成为一个对他人和人类充满关怀、关切的、尊重人性价值的人，才能做好管理。

> 我们只能先成为一个对他人和人类充满关怀、关切的、尊重人性价值的人，才能做好管理。

"我认识到，'人'才是我的价值重心。而且，就算再有钱，死后还不是两手空空。于是在那经济大萧条的年代里，虽然没钱，也没有工作，也不知道前途何在，我还是选择了辞职——这是一个正确的决定。"

这是德鲁克在书中对自己的描述。他的经历和决定告诉我们：**人要活出人的价值（尊重人性的价值）和高贵，就要准备牺牲对荣华富贵、安逸舒适、光宗耀祖、封妻荫子的追求。**

> 人要活出人的价值（尊重人性的价值）和高贵，就要准备牺牲对荣华富贵、安逸舒适、光宗耀祖、封妻荫子的追求。

22. 慈善的责任

企业做慈善的目的是什么？

赞助援建希望小学时，内心的动机是什么？

显然，提升自己的形象，以塑造品牌，获得人们的好感，然后获得更高的市场份额、销售和利润。当然，也确实帮助了贫困者、孩子们。这看来是一件统一的事情，是双赢的举措。

但是，我们仍然有必要做一番思考：

什么是慈善？

企业做慈善意味着什么？

企业到底该如何做慈善？

实际上，**有两种慈善：第一种，企业带着一定的利益目的做慈善；第二种，慈善是企业的一个战略内容、一项日常工作，甚至是一项业务（核心业务与慈善、环保等的有机结合）。**两者的差别就如企业自己所说：我们的企业热衷于慈善事业，或者说，我们是一家慈善的企业。

后者才是真正的慈善，才能配得上"慈善"这个词。也就是说，**纯粹地做慈善，不带有功利心地做慈善，才是真正的慈善**。

这两者的区分不在于探索企业如何做慈善，以及如何更好地做慈善，而是一个拷问和自省：我们的仁慈之心、正义感、对社会的责任感觉醒了吗？也是让我们对带着私心做慈善的伪善，被感动下的情绪化的、肤浅的慈善，以及由此带来的自我感觉良好、觉着自己是好人的假象里，有所觉察、有自知之明。

总之，我们想要明晰和界定的是这样一个结论：**当企业觉得做慈善（帮助他人、解决社会问题、主持正义）是自己的责任时，就是真心的做慈善了。**

比如，当一家企业（不管是做饮料的、做食品的，还是做电器的、做房地产的，等等）知道、看见某个贫困山区的孩子上学的艰难和困难时，他不仅是内心被触动而萌生同情心，而是感到（内心的声音在说）："帮助他们是我的责任，我必须要为他们做点什么。"

> 当企业觉着做慈善（帮助他人、解决社会问题、主持正义）是自己的责任时，就是真心地做慈善了。

此刻，我们看到他内心涌动的爱了吗？看到他对这些孩子现在及未来要面对的人生、生活的苦难的巨大的同情、怜悯、感同身受吗？

而这个责任感来自爱。

因此，这不是居高临下的施舍，不是眼泪汪汪地看着那些孩子说"好可怜啊"，而是愤怒不平地说"怎么会这样"，并为自己的优越生活而感到羞耻和内疚。这就是爱。也即正义。因为他意识到自己也是制造贫困、漠视贫困、加剧贫困的一部分（因为人的自私性）。他意识到了，只要有贫困，就是所有人的耻辱。因为人类本是兄弟，但现在我们却忍心有兄弟生活在贫困中，却习以为常了贫困的存在，把帮助兄弟称为"乐善好施"。

慈善怎是行善呢？明明是责任。

因此，**慈善怎是行善呢？明明是责任。**

责任意味着这本就是该做的，是在为自己的罪责赎罪。

23. 从作坊式管理到现代企业管理

随着公司壮大，作坊式管理必然要升级为现代企业管理。那么，什么是现代企业管理呢？作坊式管理与现代企业管理的核心区别是什么呢？

是什么样的企业，员工的内心是最清楚的。这才是看清企业真面目的视角。任何一家企业的员工都会受到这几个行为规则的约束。个人的意志不得不顺从。

第一，员工认为自己是在为谁工作？他认为是在为一家公司工作，还是在为某个特别明确的老板工作？

第二，员工认为自己是在以自己的时间、体力、智力等换取的工资，还是公司或老板的赐予？老板、经理是否以一种

"恩主"意识自居?

第三，员工认为是以遵循制度为第一，还是看老板、领导的意志?

从这三个观念，或者说是企业的潜规则、文化，就很清楚地看出一家企业是作坊式管理还是现代企业管理。

知道了这些，并不能改变什么，并不能将一家公司由作坊式管理推向现代企业管理。所以，真正的问题是，如何更新以上三个观念呢? 使我们认识到：**我们是为公司工作而不是为某个人；我们是以自己的付出换回的自己的报酬；我们遵循、敬畏的是规章制度而不是某个人。**

因此，由作坊式管理转向现代企业管理，实际上就是将公司由私人性转为公共性。人性是自私的，谁又能说我不自私或我能变成不自私的人呢? 但是人类可以由建立公共性的管理模式有效地削弱自私性。这就让我们意识到这个转化太重要、太有必要了。犹如房子着火了，我们还能等待吗? 而这正是我们进行探索想要达到的目的。

那就让我们先从承认人的自私和不能自救开始。将思路转为如何扼制人的自私性，而不再是谋求发扬人的高尚性。

让我们从对人类的悲观开始。这才会走向美和爱。

24. 企业中的平等

国内企业一个问题是，缺乏平等意识，也就是权威意识。

我们的等级、尊卑、高低感植入骨髓。老板、上级在心理上、气势上有自然的优势、高高在上，下级、员工则刚好相反。

这就导致老板越来越强势、自负、傲慢、自以为是、刚愎自用、咄咄逼人、戾气、乖僻、偏激、偏执、极端、主观、拍脑袋、缺乏理性、狭隘，他停止了知识的学习和作为人的内在的进步，他看不到问题的真相，听不进不同意见。

他在公司内挥洒自如，实际上却浮在事实之外。因为员工们处在心理上、气势上的弱势，他们噤若寒蝉，不敢提意见、建议，最后就是混日子，为了自己的利益而工作，怕犯错误而不做事，庸庸碌碌而不去创新。逃避责任，讨好拍马。恐惧，虚伪，紧张，小心翼翼，没有归属感、安全感、稳定感。他们的生活的幸福感在这种工作心态中被毁了。

缺乏平等意识，带来了企业的管理水平低下、效率低、根本无法创新、没有凝聚力（人员流动频繁）等严重问题。这是模式、管理制度、流程、技术、资金、人脉、专业人才无法弥补的。

平等能通过培训解决吗？当然不能。

> 一个贵族视自己比别人尊贵的时候就已经不是贵族，而且卑贱。

不平等（权威意识）就是人的自大的本性放大为视自己比别人尊贵。这就如**一个贵族视自己比别人尊贵的时候就已经不是贵族**。因为**贵族的本质是由于奉献自己而由此得到的荣誉**。他们引以为荣的是自己的美德，而不是普通人追求的名利、享受、家庭圆满和谐等。而自视高人一等的傲慢是美德吗?

实际上,人类最大的、最根本的美德是谦卑（不仅是谦虚）。谦卑是比谦虚具有更深刻的人对人自身存在的渺小性的认识。谦卑的反面就是人认为"我是最重要的"。这个意识根植在每个人的心里。最普通的、最卑微的人,他的心里也是认为"我是最重要的"。

其实这是人的必然死亡性,即人的求生的本能的反应。实际上就是人的灵魂在失去滋养他的依托后的孤独感的呐喊、呻吟。只不过,灵魂越来越远离源头,对自己的这一切越来越失去认识了。而且逐渐形成了扭曲的、黑暗的认识。

一个逐渐或突然拥有了财富或权力（包括在家里、企业里等任何群体里）的人（即便是世袭的贵族的财富和权力,他也是要在从小孩到成人的过程中慢慢意识到的）,他的"我是最重要的"的意识就滋生、放大了。就是我们看到的不平等、不懂得尊重、傲慢、冷漠、自以为是、刚愎自用等。

因此,一个对人性、人的存在的渺小性、谦卑及人已经失去了谦卑迷失了认识的人,自然会陷入"我是最重要的"意识所控制的黑暗里。

对人的认识（不是对自己的认识。这不过是陷在以自我为中心里）,包括对神（也就是对人的生命的来源和本质）的认识,即智慧,才是使我们走向谦卑的起点。也就是说,**我们需要引起**我们需要引起普遍的、大众化的对人自身的认识的思考、探究、讨论、热情、激情。而不是把一生的注意力都放在美食、旅游、买房、孩子、爱情、婚姻等肤浅的而又短暂的、必然消失的事情上。

普遍的、大众化的对人自身的认识的思考、探究、讨论、热情、激情。而不是把一生的注意力都放在美食、旅游、买房、孩子、爱情、婚姻等短暂的、必然消失的事情上。

我们迫切需要这样的启蒙。这样的启蒙，是善、是爱、是正义。

25. 谁是人才

不管是学什么专业的，哪所大学毕业的，是本科还是研究生，或者适应、迎合社会的，如厚黑学那般可以驾驭社会的人，哪些才是当今和未来企业（包括整个社会）所需要的人才？

学历、专业、技能、社会能力、心理强大程度、聪明程度、情商、沟通能力、表达能力、分析逻辑能力，甚至绘画、钢琴能力等，这些是未来所需要的人才的关键因素吗？

一个人的品质、素质、美德、智慧、创造力、懂得美、充满人性才是他们想要的。

不用说关心地球的可持续发展、环境污染、资源枯竭等素质，越来越多的人、企业乃至整个社会已经开始认识到，**一个人的品质、素质、美德、智慧、创造力、懂得美、充满人性才是他们想要的。**

企业和社会是需要一个高明的、技巧纯熟的画家和一堆名画，还是需要一个充满艺术性和创造力的画家呢？

企业和社会是需要一个熟练的司机，还是需要一个认真、谨慎的人开车呢？

企业和社会是需要管理技巧高超的经理人，还是需要一个充满尊重和正直的领导呢？

企业和社会是需要一个熟知消费者需求调查分析的人，还是需要一个具有洞察力、敏感性、体贴的人呢？

企业和社会是需要一个沟通、表达能力高超的销售员，还是需要一个认真、勤奋、勇气、正直的销售员呢？

企业和社会是需要一个老练的会计人员，还是需要一个内心平和、诚实、正直的会计人员？

……

看到了吧？企业和社会需要什么样的人。科技、工具、方法越是成熟、高级，对使用它们的人的要求就越高。这个要求不再是对科技、工具的熟练程度，而是作为人的特质的完善、完美。

因此，在学习技能、考取学历之外，对自己作为人的素质、精神、内心的培养、改善才是关键。有一颗优美而有爱的心的人，才是人才。

这就如陷入爱情里的人对爱人的关心、奉献、激情，并没有那么美好，不过是以自私为内核的爱而已。而**在热恋时的不忘更尊贵的爱、失恋时的退让、痛苦里的忍耐，才是美好的心灵。**

这样的心，才能在面对客户时，不仅是为了自己的奖金、饭碗、升职、荣誉而推销产品，也是为了给客户解决问

> 在热恋时的不忘更尊贵的爱、失恋时的退让、痛苦里的忍耐，才是美好的心灵。

题。这样的心，才能在面对地沟油式的节省成本（自己的利益）与顾客的健康（顾客的利益）之间做出正直的选择。这样的心，才能在面对下属时，看重其才能，而不是任人唯亲。

这才是企业需要的人才。

26. 创新与清新、敏感的头脑

对于一家公司来说，什么是它的创新能力？

公司的创新力就是个人的创新力。那么，公司中具有创新力的员工的数量和这些员工们的创新力的卓越性，就是公司的整体创新力。因此，**谈及创新，我们还得回到个人身上，即一个人怎么才能具备创新能力，以及不断提高创新力。**

我们不涉及如乔布斯等天生具有创新力的人，我们讨论的是，一个普通人如何由不知创新是什么的人，转化为一个具备创新力的人。这有可能吗？那先要看看什么是创新力，创新力的本质是什么？（不是说创新，而是说创新力）

创新力是否就是从旧有的一切思维模式、定式、经验、知识、认知、观念、看法中解脱出来后，直接面对问题的思考、看世界的思维方式？

比如，要是认为饮料就是解渴的，那么功能性饮料就不会被发明出来。要是认为手机就是打电话的，那么 iPhone 就开发不出来。要是一心想着要一辆跑得更快的马车，就永远想不到会有汽车。

从思维模式、定式，固有的经验、知识、观念中超越谈何容易。我们的头脑被严重地束缚和局限了。而且，在束缚中的头脑是看不到自己的束缚的。只有先意识到自己的头脑、思维方式受到束缚和扭曲，并看见其严重的后果，才能动摇经验、观念的大厦的基础。才能把我们从对它们的完全认同中解放出来，开始否定、质疑它们。

我们的内心发生了一次革命：知识、经验、观念由友善的帮助者，变成了干扰我们认清真相的坏人。我们不是会立即远离坏人吗？我们就会立即远离知识、经验。至少开始对它们保持警惕和距离。此时，我们既知道经验、知识的重要性，又知道它们阻碍了我们看见当下正在发生的事情。

更深层的是，我们的头脑还受到概念的束缚。比如，品牌本身存在于消费者的心里、头脑里，而不是包装上的名字或品牌的定义；尊重存在于对下属的认真倾听里，而不是墙上贴着的公司价值观或尊重的定义里；信心存在于违逆企业的潜规则而不惧被排挤甚至辞退，而不是太平无事时口里的信誓旦旦或书里对信心的诠释。

那么，如何才能使头脑清新而敏感呢？就如一个儿童一样，他会天真地问我们习以为常的事情。就好像每一天看见太阳时都好似是第一次看见它，遇到每天都见面的同事时就好似刚认识他们，看着自己的产品时就像它是一个新产品。

这需要一颗臣服的心。因为经验、知识、观念和概念滋生了人类的自大、骄傲，人就觉得我可以、我有能力、而且必须去改变现实（当下正在发生的事情）。那么，当下的事情就不被我们理解了。我们脑子里装满了各种观念、知识、经验、概念，已经不屑于谦卑地看着当下的事情，更不会低头向它臣服。

这颗臣服的心来自于哪里呢？

或者该这么问：这颗臣服的心来自哪里啊？

这个带着祈求、忧愁甚至稍带抱怨的疑问、探求，才有可能得到能赐予臣服的心的那位的回应。如果我们真的这么问了，不就是已经在臣服吗？

27. 审美管理者

"经济学家约翰·多布森提出过一个企业进化论，在他描绘的企业进化的图表中，20世纪型的企业代表是'技术型企业'，而技术企业会向'道德型企业'进化，道德型企业又会向'艺术型企业'继续进化。并且他提出，在技术型企业中负责管理的是'技能经营者、技能管理者'，道德型企业中是'伦理经营者、伦理管理者'，而在艺术型企业中则是由'艺术家型经营者、审美管理者'负责管理。"（引自绀野登《精益制造017：知识设计企业》）

就如约翰·多布森所说的，艺术性将会成为产品的核心。而工作中的艺术性即具有艺术性的员工，将是未来的最有前途的人。工作中的艺术性或艺术性的员工，并不是指从事专业的艺术工作的人，而是指那些具有艺术素养的人。这样的人，将会是企业未来的核心人物。

什么是艺术素养？一个人怎样才具有艺术素养？一个人的艺术气质是什么样的？

那必然是对美的领悟能力。他能看到美，欣赏美。他不媚俗，不崇尚满足消费者需求，而是关注美本身。

那么，什么是美？直接去体验美才有意义，而不是看着美的定义去思考。而经常性地感受到、感知到美，艺术性自然就具备了。

曾被夕阳的壮丽所震惊吗？云彩被染成了金黄色。层层叠叠，由远及近，颜色变化万千，以黄色为核心。

曾为陌生人之间的一个友好微笑而感动吗？

曾因与某人的默契而欣慰吗？

曾为冥思苦想后的感悟而喜悦吗？

曾为雨后带着泥土的清新空气而神清气爽，并感恩生活、感恩活着的美好吗？

这些就是美。它在我们的感知和感悟中。没有感悟，那就与美失之交臂了。那就是没有艺术性，没有艺术素养和气质。也就设计不出、决策不出带有艺术性即美的产品。

因此，能否看见美、是否有看见美的能力，并不在于美的外在事物，而是一颗敏感而柔和善良的、能感知到美的心。善良、友好、宽容、谅解、帮助、正义、公正、勇气、正直、谦卑等，这些不就是美吗？而且正是美的本质。

人的艺术素养、艺术性，就是他的品德、美德和人性化（动物没有审美能力，这是唯独人的特质。因此，我们怎么能轻易舍弃呢？怎么能不断地堕入庸俗、粗俗、无知、肤浅、野蛮、暴力中呢）。美，就总是在他的左右。他举手投足也皆是艺术性。很难想象，一个猥琐、卑劣、浅薄、唯利是图、争名夺利的人，能够设计出惊人的美的产品。

> 爱产品、爱陌生人（消费者）、爱员工、爱工作之心，才是洋溢着热情、喜悦和创造力的美。

我们习惯于淡泊、宁静中所见的美，但又怎么能与善良、谦卑、爱中看见的美相比呢？**爱产品、爱陌生人（消费者）、爱员工、爱工作之心，才是洋溢着热情、喜悦和创造力的美。**

我们不能强迫自己成为善，这本身就是一种粗鲁、肤浅的心境和行为。当我们为自己的恶忧伤、痛悔时，一个带着善心、柔和的心的新人才有可能破茧而出。

艺术性的隐喻是创造、创新。

因此，企业的艺术性，同时也就是创造性。**因此，一家艺术性的企业，必然是一家创造、创新型的企业。这才是未来的企业。**

28. 帮助员工转化自己

企业是否可以将帮助员工的个人转化作为管理中的一项内容？作为一项重要的、必要的、日常的管理工作内容？

首先，需要明确"个人转化"是什么意思。毕竟从企业和管理角度来说，它与招聘、定价、企业文化等相比，是一个相对新的事物。

与宗教和哲学层面的个人转化不同的是，企业要的就是可执行、可用的、可见效的，也必须是可见的。**因此，企业对于员工的个人转化的关注重点是，使员工认识自己的真实，即局限、问题、**

企业所关注的个人转化，是每个员工对其自身的问题的克服、超越。

缺点，也许是知识上的，或者性格上的，心理上的，情绪上的，思维方式、行为习惯上的，境界上的，意识上的，等等，然后突破、超越它们。

也就是说，**企业所关注的个人转化，是每个员工对其自身的问题的克服、超越**。比如，一个胆怯的销售员，如何突破其胆怯而轻松自然地面对客户呢？其实胆怯问题不解决，既会影响工作绩效，也会让事业失败，在挫败感中辞职、再找工作、然后依旧做不好。改行就成了唯一的选择。

或者是，一个傲慢的经理，他如何克服傲慢而变得谦和呢？这与他的管理工作和团队绩效有重要的关系。

大多数企业是一个私人性质的、以盈利为目的组织机构，它为什么要担负起帮助员工转化的责任呢？

个人转化难道不是员工个人之事吗？

他个人如果不愿意认识自己、改变自己，难道还要企业逼着他改变吗？

企业帮助员工个人发生转化，在经济上、利益上是否划算呢？即带来的产出、效果是否大于投入？

企业难道不是一直在外部招聘自己需要的人才吗？

员工只要按照制度、流程去工作就行了，他个人是什么样，对工作和企业又有什么直接的影响呢？

总之，企业会想，我为什么要帮助员工转化他自己呢？因为这个转变将有益于员工的一生，使他的人生、生活、生命发生质变。这也许是国家、社会、非营利组织、宗教、教育体系的事情吧？

实际上，企业如果将帮助员工转化自己作为一项常规的管理内容，与解雇不适合的员工及从外界招聘自己需要的员工，有着本质的不同，这是一个境界的差异。显然这是一个巨大的人性化的进步，即企业越来越走向作为一个社会成员所担负的角色了。

传统的解雇和招聘的用人模式，着眼点在工作和公司上，而不是在员工个人和社会上。这个结果就是，企业都抢夺优秀人才，但是谁也不愿意培养人才。显然，这种自然的、自发的人才长成状态下，人才总是稀少的。各个企业只能一直处在争抢和不足的状态中。

其实，先不用考虑社会责任感，仅是作为一家营利性的企业来说，帮助员工实现个人的转化，对其生存和发展及竞争力的提升到底有没有必要性。也就是说，当今的企业是否真的有必要建立帮助员工实现个人转化的管理机制？

不仅是技能、经验、知识，其个人品质还具有敬业精神、创造性、认真负责、智慧、正直、勤奋、积极心态、努力、自我学习提高、开放、尊重和自尊、善良、具有洞察力、包容、具有美和艺术性等的员工从哪里来？

先不说整个公司，企业的老板，公司的高层管理者、中层和骨干们，是不是已经到了个人的瓶颈？**即他自己已经成为工作的障碍**。但是，这些人怎么能轻易更换或者频繁更换呢？更换了他们也许解决了他对工作的限制，可是新来的人难道没有他自己另外一个限制吗？

也许当遇到瓶颈的正是我们自己，或者是自己企业的骨干们，因此正在为这个事情着急时，公司是否应该将帮助员工实现个人转化作为一项常规的管理机制，就不是理论、逻辑的问题，而是实践的必需和真实的感受。

谁更早地走了这一步，谁就正在建立未来的竞争优势。

《哈佛商业评论》中的一篇文章《员工越成长，企业越成功》也是在讨论这个问题。文章中说："他要求全体员工回答一个问题：**'你更在意已取得的成绩，还是成长速度？'把关注点从前者转移到后者，员工表现和公司业绩将显著提升。"**

比如，一个销售经理，能力突出，业绩优秀，敢于挑战难题，客情关系很好，但是，他有一个毛病，就是太自负，没人敢批评、指出他的问题。他封闭在自我中，无法进步、发展。他在消耗自己的能力、吃老本，直至耗尽为止。公司即便容忍他，也是在利用他，等到他的能力被榨干后，谁愿意用这样的人呢？他必被弃之不用。

实际上，如果有人帮助他认识到自己的缺点并超越它，可想而知，他将是怎样的一个人，一个对公司有多么大作用的人。这比容忍和不用，对公司都更有利。对他自己更是受益终身。

其实，他的这种状态和境界也严重地影响公司（尤其这是企业里的普遍现象）。在那篇文章中还有段话，"拥有知识和经验的最终目的是分享给后来者，虽说根据经验，现实中我们很难达到这种境界"。他（代表的这类员工）就很难将他的经验和知识传递给后来者，当然他也无法接受其他人的经验和知识。

这样的企业就是处在各自为战、用能人的低级的管理水平上。公司迫切地需要这些"能人"的经验、知识和技能，但他的个人境界限制了他的分享。公司就积累不出自己的知识体系。那么公司的整体能力就是软弱的。因此，公司如果能帮助他成长，带领他走出自负、狭隘的状态，岂不是双赢？

帮助员工实现个人转化和成长其实并不难。至少没有我们想象的那么难。

帮助员工个人成长意味着对工作的意义、目的的观念的转变。正如《员工越成长，企业越成功》里问的那个问题本身就是在引导员工改变一个价值观：由满足于过去的成绩，转而意识到应该以个人转化、成长为工作的核心目标。工资、业绩等都成了个人成长的附属品。而工作本身的意义就是自己的不断成长，而不是养家糊口或实现自己的某个理想（类似于对自我实现的追求）了。

这是一次伟大的进步。在以盈利为目的的企业领域，在为了养家糊口的束缚着人的梦想的工作中，开始将关注的焦点对准人即自己，而不再是人的附属物（谋生、理想等）上了。也就是说，这个新的工作观是：**我在工作中谋求的是我自身的**

成长，而不是财富的增长、职务的提升、业绩的提升和由此带来的荣耀。

从个人的角度看，这确实是把人从工作的被迫性中解放出来，给人以尊严。从企业的角度看，建立员工个人转化和成长的管理体制，帮助员工的成长，甚至教育、引导、说服员工认识到参与个人成长的意义，这不是一家仁慈的、善的企业吗？

这个善体现在文章的另外一段话中："主动成长型组织甚至可能创造全新的价值观，把以往员工观念中的'祸'（'如果暴露缺点，我就惨了'），转化为'福'（'如果主动坦陈缺点，我不会倒霉，反而可能学到新东西，最终提升自己'），缩小甚至消除员工真实自我和理想自我的差距。"

就凭不批评、不辞退有缺点的员工，反而是鼓励、激励员工坦诚面对自己的缺点，作为营利性组织，甚至是个人性公司，这是一种大善。其中包含着正义。最终，企业必会得到善的回报。这就是正义的法则。

29. 企业的负面形象

"南非职业道德研究所公布了一项针对在非中国企业的形象调查，参与调查者为来自15个非洲国家的常年与中国保持经济合作关系的经理人。报告分别就在非中国企业的声誉、产品和服务质量、社会和经济责任、对环保的重视及雇用状况进行了调查，结果显示，在非洲人眼中，当地的中国企业呈现全方位的明显负面形象：它们不仅声誉不好、产品服务质量差，还毫无社会责任感，工资不高，也不尊重非洲员工。"（节选自网易文章《非洲中国企业形象调查：360度差评无死角》）

在此我们不纠结这篇文章的权威性、可信性、倾向性等，因为我们要看的就是中国企业在国内市场上的表现，也就是我们每天都看得见的、亲眼所见的，也是我们都亲身参与其中的（因为我们都在工作）事情。

在"它们不仅声誉不好、产品服务质量差，还毫无社会责任感，工资不高，也不尊重非洲员工"这个调查结果里，我们把"不尊重非洲员工"换成"不尊重中国员工"，"声誉不好"也就是品牌形象不佳。那么，这个结果不是很吻合国内的情况吗？

我们都要工作，每个人自己就是经理、老板、员工，我们扪心自问：

我们对同事尊重吗？

我们媚上欺下吗？

我们关注环保、注意到那些贫困中的人们吗？

我们在工作中是精益求精、工匠精神、追求卓越、崇尚创新、认真研究消费需求、坚持正直吗？

我们的工资高、待遇好吗？或者说，我们视员工为伙伴还是挣钱的工具，认为是我赐给他们工作的吗？

我们有多少品牌有自信与那些国际品牌竞争并能赢得优势呢？

我们都知道是怎么回事。并且我们每个人不也是这一切的制造者吗？

我们很清楚：我们内心想的就是赚钱，快速地、大量地赚钱。然后其他的，诸如环保、社会责任、对员工的尊重、对消费者的责任、对社会和社区的贡献等，就不在考虑范围之内。

对于个人来说，我们想的是：要挣钱，先不管正义与否，因为要买房、买车、结婚、旅游、美食、享受生活，要让孩子上学及上更好的大学，给儿子攒钱结婚，养老防病；我还没摆脱贫困、温饱呢，所以顾不上其他的；我要多挣钱，然后移民，我的后代子孙就能在国外生活，这里怎么样，不会影响到我，等等。

这些不就是我们的真实吗？

我们就不能扔下脆弱的自尊心、好面子、虚伪、自大（甚至是夜郎自大）的性格特征吗？它们使我们心硬、顽固不化、死不认错、逃避事实、浮夸。

当我们承认事实，向自己造就的外在的现实和自己内心的事实低头臣服、痛悔时，向被自己带入苦难的人们忏悔时，我们追求的那一切才能真正地到来。那个时候，我们才能活在钱所带来的幸福里。

> 我们很清楚：我们内心想的就是赚钱，快速地、大量地赚钱。然后其他的，诸如环保、社会责任、对员工的尊重、对消费者的责任、对社会和社区的贡献等，就不在考虑范围之内。

30. 工作中的"恩主"意识

"恩主"意识对企业和人们的心情、生活的危害巨大。可是，我们并未意识到它，没有意识到它潜伏在我们的意识深处，并支配着我们的思想和行为。因此，对企业来说，这是个重要而严肃的问题。

"恩主"意识是指，"这是我的公司、我的部门，你给我打工，我是给你工资的，我是在给你钱"。这是老板、领导层的暗中想法。反过来，员工也是一样的，他们想，"他是老板、他是领导，我给他打工，是他给我发工资，是他在给我钱"。

这本来也没错。但是，当我们试着体验说这些话的语气时，就能感觉到其中隐含着一些东西。

"恩主"意识不就是皇权意识在企业管理和人们的工作中的变种吗？

当然，"恩主"意识并不是特指老板、领导层才有，或者说是他们强加和灌输的。其实，它存在于每个人的意识中。假设一个人的头脑中根本就没有"恩主"意识，那么，当他的老板在以"恩主"意识与他共事时，他根本就不会接受。那时，工作、金钱就不重要了，因为他感到自己作为人的基本权利和尊严受到挑战。

"恩主"意识的危害是什么？

它会给企业带来什么？

假如我是老板，在"恩主"意识下，潜意识中装着"你的钱是我给的"（有点类似债主心态）时，我让员工加班（在不征得员工本人的同意、隐含着不加班将导致不被欢迎和将会被淘汰的暗示、风险和不给加班费的情况下）会觉着不好意思吗？

当员工犯错了，我想到的是按照公司制度去办就好，还是心头火起，劈头盖脸地惩罚、责骂、训斥？

假如我是一名员工，潜意识中装着"是他给我工作的，我在给他打工"，我会在老板没下班时，不敢走出办公室（或者走出办公室时总感到有点心虚）吗？

当自己犯错了，是不是像孩子面对父母那样怕受责罚呢？

当然，我也会觉得公司的得失我才不关心呢，不得已就换工作。

很明显，"恩主"意识就是人与人之间的平等、尊重意识的反面。

因此，在"恩主"意识下，又怎么能真的建立起平等和尊重的价值观和企业文化呢？

那么，头脑风暴、讨论、各抒己见，发挥团队精神、集体智慧，又怎么能实现呢？

那么企业哪会有创新、进步、及时更正错误的能力呢？

怎么会有高超的、符合事实的战略呢？

怎么会积累出智慧呢？

这样的企业，又怎么能建立起真正的有价值的品牌呢？

而这样的企业不去做代工，又能做什么呢？同样的，这样的人不做着只有微薄的工资的工作，又能有什么更体面、更有尊严的工作机会呢？而这样的生活只能说是生存、活着，又怎敢说"我在生活"呢？

其实，"恩主"意识就是幼稚、没长大的、不成熟的心智状态。他们会对员工说（当然员工也认同）：你的工作是我给的，你这个人是属于我的（至少在上班时间里）。因此你要绝对服从。我掌握着你的"生杀大权"。

"恩主"意识下，人就滋生出依赖性。不能独立解决问题，不能独立地面对生活，不能独立地面对困难、挫折、失败、婚姻、危险、信仰等。根本性的问题是，这种依赖性其实是主动地让出自己作为一个人的主权（与扮演"恩主"的人一样的主权），把自己的生活、人生、价值观、愿望、理想等交给别人来主导。这不就是一个孩子的心理吗？

其实，每个人的青春期的叛逆都是人的心智在自然法则下长大、成熟时对遇到压抑的反映。可惜的是，**"恩主"意识下，走向成熟的趋势往往都是被压抑下来。我们都被阻挡在儿童、少年的心智阶段。一代又一代，一颗颗幼稚的心依赖着另外的一颗颗幼稚的心。**

> 我们都被阻挡在儿童、少年的心智阶段。一代又一代，一颗颗幼稚的心依赖着另外的一颗颗幼稚的心。

而且，幼稚心智的特点就是自私，极端的自私。这几乎是现在社会和企业的所有问题的根源。

看看我们的表现吧，遇到一点成绩、称赞就兴高采烈、趾高气扬，遇到一点挫折、批评就放弃，要不就是恼怒。

我们在这么幼稚的心智下，又怎么能经营管理好企业呢？怎么能完成工作呢？

看见并承认自己的幼稚，不就是成熟的表现吗？

当在雇主与被雇用的人之间，上级与下属之间，推销员与客户之间，跨部门的平级的合作中，我们想的是，"我是以自己的时间、体力、脑力、精力、情感、共同的目标、产品或服务而换得的工资、合作和交易"，同时，我对你没有恩典、没有恐吓，你对我也没有感激和诚惶诚恐，那我们就走出了"恩主"意识，走向成熟了。

31. 谦卑的企业文化

现今，很多企业内部的文化是什么样的呢？

互相地抱怨、埋怨；

一切思想和行为都是以维护自己的利益为出发点，不关心公司，员工与公司的关系只有利益；

同事之间的关系冷漠，残忍的办公室斗争；

打工心态，毫无归属感，员工之间即便有感情，也完全是私下的，与公司无关；

员工对公司怨恨、抱怨、不屑，之所以坚持，是因为没办法，或收入较高，或可以积累资历；

独裁风气，噤若寒蝉，没人提建议，无法展开讨论、头脑风暴；

任人唯亲，拉帮结伙，家族势力占据强势地位；

阴郁，诡异，压抑，潜规则盛行；

虚假，做一套说一套，官僚化，空话套话为主，做事者受罚的可能性大；

墨守成规，腐化，公司行为纸面化、表面化，思想僵化，经验主义，缺乏人性，只认流程、制度，不看人；

只有奖金、金钱的激励，再无他法；任人唯亲，赏罚不明；

傲慢，自负；

……

为什么会形成这样的企业文化呢？

是不是公司的核心、着眼点、本质，是建立在物质、利益层面上呢？也就是说，公司整体的核心、本质丝毫都没有触及精神层面？

物质化的俗气、浅薄、肤浅是恶劣企业文化的根源。因为物质化的本质就是，冷漠、残忍、争斗、暴力、贪婪、戾气、肤浅、嫉妒、傲慢、急功近利、不择手段。只要企业以物质化为核心，这些可怕的东西就会逐渐地侵蚀公司。

物质化的俗气、浅薄、肤浅是恶劣企业文化的根源。

所以，**良好的、基本的企业文化的建立的基础或者说关键，是领导层个人的精神境界和美德。**

一个正直的、具有尊重心的人，他会形成独裁文化吗？人们会噤若寒蝉吗？会赏罚不明、任人唯亲吗？

一个无赖、小气、狭隘、傲慢的老板，怎么会建立起正义、公平、宽容待人、互相讨论的企业文化呢？

当一个人具备了优良的品质、品德，那么，如何建立相应的企业文化还用想吗？还用得着苦思冥想怎么落实吗？他的一言一行，都是在建立它。

所以，真正的问题是，你、我，我们每个人如何才能成为一个深具美德和仁爱之心的人呢？

比如，当受到下属的反驳时，就会感到自己的尊严、权威、自尊心、身份受到挑战和贬低而不高兴、有怒气，这个时候我们怎么做呢？我们怎么反应呢？

当一个人具备了优良的品质、品德，那么，如何建立相应的企业文化还用想吗？还用得着苦思冥想怎么落实吗？他的一言一行，都是在建立它。

首先，并不是这个人太坏了，在人身居高位时受到下属的反驳都会有这种心理反应的。这是人类的自我、骄傲、自我高举的自然的表现。因此，问题的核心就是，我们如何走向谦卑？如何意识到自己的渺小、软弱、无助、无知？

就是在此刻，我们意识到自己根本就没办法让自己变得谦卑，没法把自己看成渺小的，没法把自己看作是为他人（尤其是为下属）服务的人吗？不正是因为我们看见靠自己的能力做不到这一切，看见我们对自己、对自己的一切邪恶性都无能为力时，才让我们意识到我们是渺小、无助、无能的吗？

而这不正是谦卑和臣服之光划破我们的自私、骄傲、自我高举的黑暗天空的时刻吗？

而后，再听到下属的反驳时，也许就不觉得那么刺耳了。那么，一个平等、尊重的企业文化不就开始在建立吗？

32. 深入企业具体业务

咨询顾问对公司的建议、见解、灵感如何与企业的工作实际紧密结合呢？这好比咨询顾问就是在企业上班的一个员工、管理层，然后他又有咨询顾问的专业技能、知识，在这个情况下产生灵感、建议、看法。这是落地了。

市场机会是一个独立于具体企业的客观的存在，咨询顾问凭借自己的洞察力如果看到它，那就是看到了，并没有什么对错、落地与否的问题。其实，企业的内部管理问题，也是一个客观存在，即便是老板本人的境界、性格、心胸、品德影响公司发展，这也是一个客观事实。

对于企业来说，当听到咨询顾问的建议后，是否认同、是否愿意去抓住那个机会，是否承认自己的内部管理问题，以及企业是否有能力抓住机会或改正管理错误，这是企业自己的问题。

但是，咨询顾问给出的建议是否结合了企业的现有能力呢？是否是根植于企业的具体问题而生出的建议，而不是依据自己固有的理念、经验、知识呢？这就是咨询顾问能否落地的问题。

也就是说，咨询顾问常犯的错误是，不愿意深入企业的具体业务，而是浮在企业及其问题之外，只是以自己固有的知识和经验提供建议。这种理论化的、套路化的，或者产生于自己头脑的聪明才智的灵感的建议自然是难以落地。

其实，深入企业的具体问题，是一个痛苦的思考、用心学习的经历。犹如一个人刚进入一家公司工作，需要从最基础的事情做起，比如熟悉同事开始，

了解、适应。这个过程对于咨询顾问来说尤其痛苦。因为他需要印入头脑中的有关这家企业和它所在行业的知识、经验是企业管理层、普通员工都熟知的，实际上，咨询顾问必须在这家企业当一个阶段的学生。

因此，这比只基于自己的知识、经验、理论、聪明才智下的点子而给出建议、方案，从精力和自尊心上，咨询顾问都要付出更多。当然，这主要是看咨询顾问本人的价值观（比如是以赚钱为核心，还是以为客户解决问题为核心）和品德。

那么，什么是深入企业的具体业务呢？其表现或感受是什么呢？

咨询顾问愿意倾听企业的人员的具体问题，并与之讨论。这是说，不是咨询顾问的指导会，而是咨询顾问以一名员工（管理层）的身份参加企业的具体工作的讨论。这个阶段，咨

询顾问不是站在自己的知识、经验、理念的基础上提供建议，而是忘记自己的身份、知识、经验、理念，深入他的问题中，对问题展开思考、分析、讨论、研究、调查。

这就是咨询顾问的职业特长了，思考能力和洞察力（还有由于没有人际关系压力和业绩压力而所处的旁观者的有利位置），也是咨询问题的价值所在。 那么，咨询顾问由此提出的建议就与落不落地无关。只有咨询顾问自身的能力（主要是思考能力和洞察力）问题导致的建议对错的问题。

当然，在咨询顾问忘记自己的身份和知识而谦虚地探讨问题的时候，企业人员也该尊重咨询顾问的专业能力，即思考能力和洞察力。否则，咨询顾问根本就无法工作。这还是有难度的。因为思考和洞察都是头脑里发生的事情，外人无法看见，如果企业人员对思考和洞察毫无了解，他们就无法尊重咨询顾问的建议、提议。

对于企业来说，更大的问题是，对变革的心理准备和决心。

> 对于企业来说，更大的问题是，对变革的心理准备和决心。

咨询顾问的建议也许很正确，比如，销售人员不仅要会搞关系，擅长搞关系，还要善于动脑子分析市场、客户、销售情况、产品系列的组合、竞争对手的压力、价格的合理性、如何利用公司资源促进销售等，并善于利用数据、理解各种商业逻辑，能够主动分析问题、看出问题，并拿出解决方案。这都是一个优秀的销售人员需要具备的素质和能力。

可是，对于很多的国内企业来说，要采纳这个建议并推行就会很困难。

同意和接纳都没问题，但是要推行就意味着一场大的变革。因为喜欢搞关系而不重视思考、利用数据、逻辑分析、为客户提出解决方案是普遍现象。也就是说，从我们整个文化来说，就是不喜欢、不提倡思考、深入思考，而喜欢搞关系。

因此，要么公司有决心、有能力在公司范围内的小文化里提倡、推行思考、逻辑、分析、数据、提出解决方案，要么就是明知该这么做却认为太难了而不做。当然，后者是绝大多数。实际上，从这个例子来说，我们没有改变过，恐怕从我们可见的时间范围内也难以改变。

这对企业和咨询顾问都是挑战。

凡是认识到例子中提到的问题的意义（其实这个问题带有普遍性，它涉及文化层面，是我们的文化的弊端之一，我们有责任去推动、改变）的所有企业的负责人和咨询顾问，都有责任推动它。企业老板、管理者有责任在自己的企业和工作里推动它，咨询顾问有责任把它推广到更多的企业。

但是，这是以个人之力挑战整个文化传统（这意味着在挑战所有人和势力），并以牺牲个人利益为代价的一项使命。毋庸置疑，只能说他们是一些可遇不可求的、从天而降的特殊的人。

本来在市场经济下，通过商业利益的激励可以推动优秀、进步、先进、更有效、更高效、更新科技、更人性化、更文明、更公平正义、更善的理念、方法、工具的应用，但正是由于我们喜欢搞关系的文化特点，阻碍了市场和利润在善和正义方面的推动力量。

因为能搞关系就赚钱、大家（客户）都只认搞关系、搞关系又省力省时间省脑子，那么费力、费钱、费时地搞数据分析、客户解决方案还有什么用呢？也就是说，搞关系才能赚钱、才能更快更多地赚到钱，才是能走在别人前面赚钱的捷径。

我们陷入了一个无法自救的黑暗深渊里。所有能激发我们行动的因素都是堕落向下的。

我们陷入了一个无法自救的黑暗深渊里。所有能激发我们行动的因素都是堕落向下的。就如林肯当年面临的难题，解放奴隶的高尚理想的实现要靠私下贿赂的手段。在企业我们看重一个能干的人才，但必须把他变成自己人之后才能重用。重用人才的正义之举就又被私心给堕落化、黑暗化了。所以，什么也改变不了，仍然是黑暗。

还能怎么样呢？我们该忏悔自己的罪过。

33. 自我管理和自由

管理大师德鲁克说的"自我管理"，其实是建立在自由意识之上的，或者说是自由意识的产物。

德鲁克一直强调的"知识工作者"，他们要求"自我管理"。他们有了更多的想法、思想、意见、观点，他们在思考，且有能力思考。因此，他们需要表达自己的思考所得，即看法、想法，并且要在工作中实践、实行、实现自己的想法。这就是自由意识的表现。

我们可以想象，假设我们在工作中有满脑子的想法、看法，有丰富的工作经验，有学历，有理性的思考能力和勤于思考的习惯，那么，我们怎么会忍受所有的想法不能说出来、没人听、不能实行呢？总是违心的、被迫地执行自己并不同意的其他人的想法，会是什么感受？"自我管理"就呼之欲出。

自由意识的人会说：你给我一个目标、方向，也可以考核我，甚至可以在看到我不合格时解雇我，不过，你让我完成自己负责的这份工作吧。不要总是将你（领导）的意见强加给我，干扰、左右、指挥我的工作。此时，我的心情更好，我的头脑更加灵活、高效，我的想法在实行，可以在工作中随时调整，为了完成工作，可以主动找其他同事要求协助，主动学习相关知识，为了提高效率，为自己制订工作计划，等等。

不再压抑，工作不再仅仅是养家糊口的手段，它可以实现自我，展示自己的价值。这就是"自我管理"。

同时，这些人的领导，也是知识工作者，乃至社会的主流是由企业及私营企业构成的，那么，整个社会就都有了对"自我管理"的要求，以及对"自我管理"方式的要求、理解、支持、宽容、接受、承认、帮助。比如，有些理论学者开始研究，就如当年的德鲁克一样，将这个管理学上的新事物（以前是如"泰勒制"式的将人当作机器的"科学管理"阶段），做系统、深入的研究，指导着企业去实践它。不久，它

> 不再压抑，工作不再仅仅是养家糊口的手段，它可以实现自我，展示自己的价值。这就是"自我管理"。

成为众人皆知的、都身在其中的一个工作方式。

没人再觉得奇怪。后面一代的人会说："本来不就是如此吗？"他们早已忘记了自己的父辈们、祖辈们在"泰勒制"下如机器般工作的艰辛。幸好，他们及他们的后代及永远的后代，不用再体验"泰勒制"。这是人类的进步！

因此，如果没有自由意识先在美国人、德鲁克的意识中存在，何谈"自我管理"呢？何谈人从机器般的待遇中被解放出来获得自由和尊严呢？

任何管理理念都一样，在引进之初，我们也许更应该考虑其背后的意识是什么？先从意识上去认识和改变，管理理念、方法、模式、工具才有可能被真正应用。

也许我们该反思的是，国内企业在这几十年中，没有引领世界的创新的产品，没有真正的品牌，其重要的原因之一就是我们的意识没有改变。虽然引进了无数的管理理念，乃至最新的管理理念，意识如果没有跟上，就如"自我管理"，如果我们还停留在等级、权威意识中，又怎么能真的落实产生于自由意识下的"自我管理"呢？

自由意识意味着一个人的独立和成熟。一个成熟的人根本无法忍受别人的管教、压制、包办、对自己的事情的指手画脚。他在任何关系里都是独立的。他的灵魂、精神走出家庭、群体及任何人群，而独自一人面对生活和自己的人生。他也必然是善良和正义的。因为不愿意忍受管教的人也绝不会去管教别人，同时他会指责管教，指责对人的压制。

有自由意识的人是高贵的。他一个灵魂就相当于还在群体意识里的一群人的灵魂的价值。他的灵魂要进入更广阔的天地里。

34. 想与做的脱节

为什么企业的执行力不够？

为什么明明是自己安排的任务、认为是急迫的事情，甚至是自己起草的方案，事后自己都忘记了？

为什么我们没有或者不重视监督、跟踪？

为什么总是习惯说说而已，并没有人真的去做？

推动事情前进已经耗费全力了，哪有精力考虑跟踪、监督，为什么如此？

我们都懂 PDCA【计划（Plan）、执行（Do）、检查（Check）、调整（Action）】，为什么就是做不到？我们欢迎它、赞美它、引进它，但热情过后，依然是在粗略、懒散、随意、差不多就行了的工作习惯里。

这也许是一个民族性的性格特点：说的时候热情洋溢、势在必行，但是，过后谁也不当真，没人认真地去做、去推行，包括说话人自己。

我们熟知这样的情况：我们在说话的时候其实也是认真的。因为在脑子里所构想的事情是合理的、必要的、重要的、有意义的。自然的，要布置任务、推动执行。但是，一旦真的实施起来，就发现难以执行。因为想的还是不够周全，忽略了很多相关因素。也就是说，**我们脑子里所构想的是根本就不可执行的，这个构想缺少了一个必要元素——对可行性的构想。**

实际上，问题在于我们的文化特质使人只是活在自己的世界里，而与现实、真实脱节，或者说我们对现实、真实的存在完全无意识。这就影响了我们的思维模式，即想与做的分割。因此，我们做的往往不是头脑里想的，而想只是想想，根本就没想过要去做。

> 我们脑子里所构想的是根本就不可执行的，这个构想缺少了一个必要元素——对可行性的构想。

比如，我们说要宽容，并认同、热切地赞美宽容，但是在受到冒犯、侮辱时，需要用宽容要求自己去忍受、忍耐、原谅、做出一些牺牲时，内心巨大的不情愿会让我们意识到"做到宽容太难了"，以后都不好意思再提宽容、传播宽容了。

这让我们看得很清楚，头脑想的与现实是完全不同的两件事。认同、赞美宽容时没有想到做到宽容时的艰难和痛苦，我们把头脑里的认同就当成做到了。**这就是我们的问题所在：头脑与现实的严重分离。活在脑子里，完全意识不到现实的存在。**

这是极其幼稚的人类心智阶段。我们一直停在这个阶段没动。

这是一个极其严重的问题。不仅是企业和执行力的问题，而是涉及一个人的生命、人生、活着的意义的问题。活在头脑里意味着活在虚幻里。把虚幻当真、在虚幻里度过一生，并信仰着虚幻的信念奔向死亡的彼岸，这是多么可悲、可怜的人生啊！在我们尚留的些许良知里，怎么能不为自己和别人而奋力呼吁呢？

不管现实多么黑暗、艰难、痛苦、丑陋，可是那毕竟是真实啊。人还能在哪找到美、善、爱、真理、正义甚至神呢？难道是人的脑子里吗？不就是在真实里吗？要是你对自己的生命、灵魂负责，那就一头扎进真实里去吧！不管多么艰难，在尽头处终有光明在等待。

什么是真实、现实？就如我们难以做到宽容，在做出忍让和牺牲时内心巨大的不情愿，包括我们把认同宽容当作做到宽容了，即我们活在头脑里，这些就是现实、真实。嫉妒、骄傲、贪婪就是现实，而谦卑、无私、奉献不过是人头脑里想的东西。因为人类的心根本就做不到这些，不能把它们变成人的现实。

那么，**企业要有执行力，要说到做到，需要我们走入自己内心的真实有多深啊！**

> 企业要有执行力，要说到做到，需要我们走入自己内心的真实有多深啊！

第三章
在工作中成长

1. 倾听就是沉思

只要倾听，就能一直走到那无限的深度，即问题的本质、真相、事实、真理，即问题自身。然后问题自己会说话，即答案。**倾听的障碍就是偏见、观念、经验，以及内心深处的骄傲、虚荣心、好胜心、私心。**

倾听的障碍就是偏见、观念、经验，以及内心深处的骄傲、虚荣心、好胜心、私心。

比如，一个想开素食餐厅的人认为自己已经付出了最大的努力，这就妨碍了倾听"你没有拿出创业精神"这句话的含义。

什么人吃素？

他们为什么食素？

这些人在这个城市有多少，他们的收入状况如何？

他们关注蔬菜及餐厅的哪些特性，比如新鲜、新奇、口味、有机、健康、价格、档次、选址、就餐环境（传统文化还是西方文化）等？

选哪个或哪几个群体为目标顾客，为了健康的、有爱心的佛教徒，还是受西方文化影响的顾客？

如果已经调查研究和了解这一切问题，深刻体验了素食人群的生活，这才算是尽力了吧。至少这些调查、研究和了解为行动（哪怕是认为在此地不适合开素食餐厅）提供了信心。最终还要了解自己的内心，是否对素食、餐厅、创业有激情和兴趣。其实仅是探究自己是否真的喜欢创业，是否真的能经受创业的风险、艰辛、提心吊胆、生活的不稳定，不是能轻易下结论的。

陷入自己的经验和固有观念里又怎么能看见真相？

肤浅的思考又怎么能看见问题的本质？

看不透本质何谈生意成功呢？

阻碍我们学习倾听和思考的，其实是我们没有意识到自己不会倾听、不会思考。

现在，还能到处看到以大老粗、流氓痞子习气（不遵守规则、不择手段地获胜就行、以蛮横欺负人）为荣的现象。比如，有些企业喜欢招聘痞子习气的人做销售（在此不论及适合社会或特殊行业的问题）。还能看到我们依然在推崇让人绝对服从的观念。至少不能在提高执行力的幌子下扼杀了独立思考和创造。毕竟走向自由是人类文明的进化方向。

文化只是个概念，它不会痛苦，但我们会。因此，我们为什么不担起个人的责任来超越它而走向更美好、更高尚的文化呢？肤浅、庸俗、粗糙的物质化、无教养，伪善而不知正义、公平、平等，虚伪而不知真理为何物的文化，还要在我们手里继续下去吗？

一颗谦卑、勤奋、求知的心，才能倾听。

这也是一颗优美、高贵的心。

2. 请用光明正大的方式赚钱

电商确实动摇了贸易结构，很多零售和批发环节被削弱。使这些从业者失业，以及失去了成为中产阶级或保住中产阶级的地位的机会。这个动摇的影响，**其实不过是哪一个群体、谁成为中产阶级，以及谁没有成为中产阶级而已。**比如，也许中产阶级是从批发商转到了淘宝店主。

可是，不管是哪些人成为中产阶级，那么他们富了以后在做什么事情呢？

还不是忙于自己的私利吗？

还不是在以那种不择手段、不正派、不正义、不正直、不体面的方式在赚钱、工作吗？

那么，从整体上看，哪些人富了又有何益呢？只是对富了和没富的个人有得失。

看看我们自己就知道了。是不是忙于自己的享乐、欲望的满足、家人的富足，忙于打麻将、旅游、攀岩、登山、驾车、出国等？挣钱消费毋庸置疑，问题是钱是怎么挣来的呢？是正义、正直、正派、体面的方式挣来的吗？

因此，不管谁富了，是不是大家还是做着同样的不义的赚钱工作呢？如果是这样，谁是中产、谁失去当中产的机会，又有什么意义呢？

也就是说，**我们现在的问题是，不是中产阶级有多少人，以及谁是中产、谁没有机会达到中产的问题，而是我们每个人工作、赚钱、做企业、做事情的正派、正直、正义、体面与否的问题。**

这才能有一个公平、公正的社会。那么，这个时候，人们的或贫或富才是合理的。**富人得到尊重，而穷人心态平和并会得到富人和社会的帮助。这是一个有更多幸福感的社会。**

所以根本的问题是，你即我们每个人，在工作中是正派、正直、正义、体面的吗？我们的工作、赚钱手段是光明正大而富有创造力的、善的吗？

但这不是呼吁人们向善，这又有什么用呢？道德说教几千年，我们还是这个样子。其实，我们该认清、正视和承认我们内心的真实，即不义。也就是说，最有意义的改变，不是让我们变得更好、更善，而是有一个真心的悔改：我们是不义的，一直是不义的。我们太自私，只顾自己及家人，而冷漠对待其他人。

> 富人得到尊重，而穷人心态平和并会得到富人和社会的帮助。这是一个有更多幸福感的社会。

这个悔改，才能带来我们内心的转化。

3. 因兴趣而工作

现在成功的产品必须具备以下三个要素：

第一，善即正义、正派、社会责任、不坑蒙拐骗偷工减料、提升人们的生活品质又不滥用地球资源等；

第二，美即艺术，即不是山寨、粗制滥造，并超越物质化（如功能）而进入精神境界；

第三，工匠精神。

全身心地投入、无商业利益动机、热爱工作、充满激情、精益求精、追求卓越，这才是工匠。

工匠精神不是靠培训或学习得来的，而是来自内心的一次革命——从物质即利益动机上升到精神、心灵，即热爱、热忱、激情的层面上。这意味着不再是为了挣钱、养家、享乐而工作，而是纯粹由于自己的兴趣而工作。这是一次巨大的冒险。犹如把自己置于悬崖边上随时会出现生存危机。这又涉及生活观、价值观、生命的意义、生死等宏大的问题。

但是，我们贪图安逸和安稳，惧怕变化也懒得想改变。这就阻碍了内心的革命。那么工匠精神就不可能出现，因此未来的产品的前景就更难了。

如此说，首要的任务是我们各自对安逸、安稳的内心状态的觉察和探究。消除它们是走向工匠精神的第一步。

消除，在内心世界里，意味着对安逸、安稳的生活态度的否定。

4. 做企业的并不都是企业家

我们经常提及企业家，他们往往是我们的榜样和想要成为的人。那么何为企业家呢？显然不是凡做企业、做生意的都叫企业家。

第一，企业家赚钱的途径必然是正义的。这毋庸置疑。比如，如果一个人利用搞关系的方式获得了某种垄断资源，然后高价出售其产品或服务，这是不正义行为。他破坏了公平的法则，也在盘剥消费者。因此，这样的人成功和富裕后，怎么能被称为企业家呢？

第二，他的企业或产品或服务必然是为社会做出了某种创新、某种贡献。比如，乔布斯和比尔·盖茨，以及 Google、Facebook、通用汽车等。他们改善了人们的生活，提高了效率，促进了人类的进步。可口可乐进入中国市场不仅带来了可口可乐、雪碧等饮料，以及先进的营销、运营理念和模式，关键是还带动了整个饮料行业的高水准的标准的建立。这是有利于人们生活质量提高的善举。

第三，他必须在回馈社会，即担当一定的社会责任。 当然，做不做慈善是个人的事情，但让我们尊敬的是那颗仁慈的心。很难想象，称一个假冒伪劣、肆意污染环境而舍不得花钱治理、压榨员工、靠山寨做大的企业主为企业家。我们又怎么能将他们视为榜样呢？他们反而是作恶的榜样。

> 如果对正义、利用自己的能力创造价值和仁慈毫无意识，而只是崇拜欣赏财富、成功，那么我们有什么资格去评论企业家、成功人士们呢？

其实，不只是企业家、做企业的人、高管及富裕者们，每个人都一样。每个普通人在自己的工作里，**如果对正义、利用自己的能力创造价值和仁慈毫无意识，而只是崇拜欣赏财富、成功，那么我们有什么资格去评论企业家、成功人士们呢？一个恶人指责另外一个恶人，那就是既愚昧无知又邪恶。**

积善之家必有余庆，是中国人都认可的道理。但它不是刻在大门上的一句漂亮话，善是什么意思？什么是善？仅仅是孝敬、与邻居和睦、捐赠衣服、供养寺庙等吗？这些行为本质上是善吗？恐怕仍然是自私、私心。至多是表面的、肤浅的善行。行为善不一定是真善，内心善才是真善。

就如自己的小工厂在污染着当地水源，那么邻居和睦又有什么意义？在贫困、灾祸中，一家人不能互相扶携、相依为命，孝敬又体现在哪？把自己的剩余的衣服捐赠就是同情心、怜悯心吗？无视社会的不公，只顾自己发财赚钱，然后去寺庙里捐点钱，这是善心吗？这是为了自己，还是为了劳苦的大众？

如果缺乏了正义、善良、社会责任感，富裕是不会长久的，更现实的是，内心的幸福感也是微弱的。这就应了中国另外一句古话：富不过三代。

5. 把事情本身做好

我们都得谋生，都得活着，都得养家，都得为孩子未来考虑，都想追求享受和自己的兴趣，等等，所以我们必须要去工作、挣钱、创业。但是，我们需要思考一个更深入的问题，**当我们工作、做事的当下，是为了自己挣钱即自己的利益，还是为了把事情本身做好呢？**

当我们工作、做事的当下，是为了自己挣钱即自己的利益，还是为了把事情本身做好呢？

人真实的存在只有当下这一刻。不管现在脑子里想着什么，真实的存在是"我坐在这里正想着一件事情"，而不是想的那个事情。

比如，我在策划一个宣传活动，这是我的工作或我的公司。然后，我思考的出发点是，为了自己的任务完成或自己的盈利，还是在想一个把能解决人们生活问题的产品介绍给人们呢？虽然从外表看，都是在开会、讨论、思考，但是出发点的不同把人区分出来——是自私的，还是能关注到他人的？

这也是人的高贵与低贱、文明与野蛮的分别。**使人更像人的人性，自然是能为别人的幸福考虑了。**

我们尽职尽责把自己的事情做好，这是不错的。不过，同样是在工作，在自己的工作岗位上思考到如何给别人带来幸福，这是更深一层的工作。

6. 给人公平的机会

经济健康的核心问题是，是否发挥了人的活力。人如果成为只为谋生的机器、动物，那么，人本身所具有的活力，即创造力、浪漫主义的激情、活的有尊严后的理想就没有了。

> 给人尊严，给人公平的机会，给人乐观、浪漫、激情、希望、理想的色彩，给人以人的尊严而活着的意义和价值。

每个人内心的希望、活力、理想、乐观、活着的意义等，是经济繁荣的基础。这需要我们有一个对社会的更深入的向往：**给人尊严，给人公平的机会，给人乐观、浪漫、激情、希望、理想的色彩，给人以人的尊严而活着的意义和价值。**

在温饱阶段，让每个人感觉到致富、创业、工作的机会是公平的。这就是希望、理想、激情、浪漫、创造力、积极乐观精神、人生的意义和价值的来源。否则积累的就是怨恨、愤怒、不平。

在富裕阶段，让每个人感到是受到尊重的，不会由于出身、贫富、地域等受到歧视。那么，人们就会创造出更有幸福体验的、迈向精神世界的创新。

因此，社会的公平，才是经济健康发展的基础。

一家由机器般工作的、消极的、对生活没有希望和理想的、只顾自己谋生的人构成的工厂，与另外一家由充满希望、理想、积极心态、有信心、热情、受到尊重的人构成的工厂，哪个会创造出更多的财富和价值呢？

社会是由每个人形成的。

等级观念、歧视就在我们的心里。

搞关系、走捷径、不遵守规则和无视公平、正义就在我们的心里。

占便宜、各扫门前雪、只顾自己及家人的观念就在我们的心里。

只崇拜物质利益而看不见精神、心灵、灵魂的意识就在我们的心里。

无视道德、人性、良知而冷漠、争抢、残忍、暴力就在我们的心里，欺压、压迫、剥削思想就在我们的心里。

肤浅、无知、麻木就在我们的心里。

我们指望谁把这些垃圾、黑暗、邪恶的观念从自己的心里挖去呢？我们只能从对自己的败坏的承认、悔改里开始。

> 我们指望谁把这些垃圾、黑暗、邪恶的观念从自己的心里挖去呢？我们只能从对自己的败坏的承认、悔改里开始。

7. 正确的谋生之道

我们必须养活自己和家人，必须维持自己的兴趣爱好，还有为理想奋斗，所以必须挣钱。可是，我们是否考虑过，至少考虑过一次，什么样的职业或工作才是正当的、正义的呢？还是说，我们根本就没有正义的概念，而只是追求钱多、受人推崇的工作呢？或者我们隐隐地意识到正义与邪恶，但在生活的压力和物质享受的诱惑里，放弃对正义的坚持呢？

什么是不正义的工作？

最明显的例子就是阿伦特在说平庸之恶时提到的那个德国火车站站长的故事。他负责管理的车站运送了成千上万的犹太人到集中营。但是，他说自己只是在做一份工作，而且尽职尽责。他并不认为自己是罪犯、杀人犯，他只是在做一个火车站站长的工作。

对于我们来说，这个挑战仍然是巨大的。因为社会里已经充满了不义。比如，在假冒伪劣、血汗工厂、污染环境的企业里工作是不义的（甚至购买这样的企业的产品也是不义的）；在扭曲的教育理念里当老师是不义的；在只看重商业利益在医院里做一个兢兢业业、专业出色的大夫是不义的，等等。

甚至这也在挑战我们的忠孝观念。父母不义的吩咐是不该听从的。上级不义的命令也是不该执行的。这其实是在超越亲情和个人利益的得失。也就是说，**坚持正义的人必然会经历亲情反目成仇式的内心折磨和恐惧的挑战。更不用说物质上（家庭、孩子等一切的幸福）的损失了。**

对自己的工作的正义与否的思考和觉醒。

因此，对我们普通人来说，只是需要一个思考和觉醒：**对自己的工作的正义与否的思考和觉醒。**

新的行动，自然产生于新的思想。

8. 热爱工作本身

职业精神，或者叫专业精神，或职业化，这对我们来说太重要了，因为这真的是我们最缺乏的，企业和个人都一样。

对于很多企业来说，最大的问题是还未意识到职业化的价值、必要性，因此也从未认真地、深入地探索、思考过什么是职业化。在这种情况下，企业就是在没有"职业化"意识的前提下选择人才及展开工作的，或者以极其肤浅或错误的职业化观念看人、看工作。

要想搞清楚什么是职业精神，那就得先搞清楚什么是非职业精神，即什么是不职业的行为、心思。那么，什么是非职业化呢？我们平时是怎么工作的呢？

非职业化精神意味着，在工作中，出发点不是问题本身、工作本身、事实、真理（自己内心对问题的真实看法），而是自己的私利、私心。

比如，在开会、讨论问题时，如果是看领导脸色行事，逢迎老板，这个人显然是非职业化的人。作为企业或老板、管理者，这种人在危害工作、公司。因为他根本不关注问题，不思考怎么解决问题，而是把注意力都放在逢迎上，他必然会误导公司。同时，如果老板也是非职业化的，那就会喜欢逢迎，说问题、说真理的人自然被排斥，这个公司怎么可能做得好呢？

没有职业化精神的人，他们不喜欢做这些事情：业余时间读书、学习，读 MBA，看专业杂志，思考专业领域问题，平时的关注点都在专业领域（这是潜移默化的、随时的学习和思考）。但是，他们可能对厚黑学、心理学、国学、励志、官场职场小说等感兴趣。因为这就是他们的真实情况，就能引起共鸣。

> 越是非职业化的人，他的专业知识就越是稀松。不是不聪明，而是他把精力放在提高逢迎能力的方面。

所以，越是非职业化的人，他的专业知识就越是稀松。不是不聪明，而是他把精力放在提高逢迎能力的方面。

非职业化的表现是很隐秘微妙的。

比如，我们都会认为任劳任怨、不抱怨加班的人是美德，是好员工。这是我们的价值观、文化的特点。那么弘扬加班的内涵是什么呢？就是在赞扬个人的奉献精神。这是在强调个人性的能力（包括道德上的榜样）之下的掩盖问题。比如，掩盖效率低下和浪费资源、没有效果的工作、不公平的任务分配、工作设计的不科学性、流程制度不合理性、缺乏对人的尊重、强行让员工加班的不正义等。

也就是说，**凡是突出个人作用而忽视问题本身的思维方式都是非职业化的。**

就如什么是销售经理的职业精神呢？人际关系能力，察言观色，反应快，沟通能力强，脸皮厚，勤快，不怕吃苦，等等。是这些吗？销售人员需要这些能力，但是这仍然是用"能人"思路。

销售人员的职业化的体现是，对客户的理解，对客户的服务意识（把注意力都放在解决客户的问题上，而不是逢迎客户、与客户个人搞关系上），帮助客户服务好他的客户，帮助客户提高他们的效率、效果、降低成本、品质更优越，即帮助提高他们的竞争力，等等。

将精力放在这些地方，以及具备这样的能力的人，以这种思维方式做销售工作的人，他们才是职业化的销售人员。而且，我们会感到职业化的做法是多么的善和正直啊。因为职业化的销售经理的思想和工作的核心就是帮助客户，用自己的产品和服务帮助客户发展。

因此，对于一家企业来说，你是重视一个销售人员的酒量，还是重视他对公司产品知识、技术的深入掌握的程度呢？

你是重视他的察言观色能力，还是看重他对客户企业问题的敏感度、关注度呢？

你是看重他知识面广博、口若悬河，还是看重他对品牌、定价、分销、财务知识、市场细分、消费者心理等的知识的深度呢？

职业化与否就自然现形了。

一个心理医生的职业化的表现是什么？比如他如何对病人的抱怨进行反应呢？

如果像家人、朋友、同事、哪怕是陌生人那样的反应，就是个人化的反应。一般情况下就是在抱怨生气，会抱怨病人的抱怨。但是一个职业化的心理医生呢？他视抱怨为心理疾病的症状，他感兴趣的是了解抱怨的根源即病人的心理创伤，如何让对方意识到自己的抱怨及抱怨的丑陋。他了解心理医生的职业职责之一就是忍受病人的抱怨（包括各种心理、情绪的症状），因为这是治疗工作的一部分。

相对于专业知识的精通，销售人员对客户问题的敏感、关注，心理医生对病人的抱怨情绪的忍受，或者一个律师对真相的尊重和坚持，才是职业精神的核心。即对工作本身的有意义感、热爱，在工作里找到自己的价值，以及丰富的同情心和在工作中克制自己的私欲、情绪、好恶、私利的正直、克己的品质。相对的，一个私心太重、太功利化、追求享受、人品低劣、肤浅浅薄的人，绝不会具有职业精神。

> 对工作本身的有意义感、热爱，在工作里找到自己的价值，以及丰富的同情心和在工作中克制自己的私欲、情绪、好恶、私利的正直、克己的品质。

企业需要明晰必须建立起职业化体系（如老板、高管建立了职业化意识，招聘培训等环节中对职业化的管理等），员工们需要清楚自己要追求、崇尚职业化精神（意识到职业精神比专业技能、知识更加重要），我们每个人需要清楚要在自己的一生里培养出高贵的品质和进入更高的精神世界。

职业化，是一个人的素质的体现。

9. 思考就是谦卑

大多数人其实不会思考。所谓的思考，也就是将自己的观念和经验作为衡量去评判问题或别人的观点。这只会引发争论，而且不是辩论，就是对观点的对错之争。最后演变为人之间的争斗。慢慢地，大家都不敢说出自己的观点了。我们只知道要么接受，要么反对。在 21 世纪，我们依然活在一种肤浅的状态里。

那么，真相、真理，深刻及真正的解决方案，又怎么能有呢？低效、低智的社会就是这么形成的。然后，大家就都活在贫穷（即便富了，内心还是有贫穷感，而且这样的富裕是不能持续的）和做事被刁难、冷漠、推诿、傲慢的折磨中。

其实，我们现在还活在家族、血亲观念（就是熟人社会）的奉行丛林法则的动物世界里。这就表现为肤浅、愚昧、贪婪、暴力戾气、冷漠、残忍、封闭、保守、落后、井底之蛙式的自大（比如从来不能进行真正的自我忏悔），不知何为正义、公平、平等、自由、正直、尊重，不知何为精神事物、何为灵魂，心灵刚硬、粗鄙、幼稚，彻底的物质主义和急功近利。

不会思考，无法进行讨论、辩论、头脑风暴，漠视真理、事实，都是以上的作为人的这种精神状态的反应。也就是说，在这种幼稚的心灵状态里，我们无法越过自己的观点去看别人的观点，我们的观点（我自己）永远比别人及他的观点重要，也比事实、真相、真理及

我们无法越过自己的观点去看别人的观点，我们的观点（我自己）永远比别人及他的观点重要，也比事实、真相、真理及解决问题重要。

解决问题重要。当自己的观点被反对时，我们的感受往往是受到了侮辱、不被尊重、被贬低了。因此只要我是安稳的，其他的事情怎么样都可以。

我们活在一种强烈的要求被别人承认的状态里。在拼命地逃避、不承认、抗拒自己是渺小的、软弱的、在罪恶中的真实。我们都需要真诚地反思的是，自古以来我们就缺乏了谦卑的高贵品质。也就是一种轻松地、真诚地说"我错了"的心境。

> 越是自我谦卑，就越是会思考。随着自我变得渺小，我的观点也变得渺小了，那么别人、别人的观点和问题本身、事实就被放大了。随后，倾听、讨论、重视解决问题，就自然发生了。

谦卑不是指贫贱、身份低微或者谦虚、虚心等浅层因素，而是人对自己的存在本身是渺小、卑微的一种认知、态度。这么说能容易理解谦卑的含义：当我们能"吃下"（接纳、忍受、包容等词还不能准确地表达）受辱的时候，就是谦卑了。还可以说，在内心真的认同"牺牲"是一种美德并追求它时，也是谦卑。

可是，这种谦卑从哪里得来呢？它是人的努力的结果吗？我们应该祈求祝福。

越是自我谦卑，就越是会思考。随着自我变得渺小，我的观点也变得渺小了，那么别人、别人的观点和问题本身、事实就被放大了。随后，倾听、讨论、重视解决问题，就自然发生了。

10. 对别人放手就是尊重

创业或者说创业的社会文化环境，不是来自于对就业的困难的逃避、找出路，而是来自于对人的个性的解放。人人都意识到个性自由发展的意义，都已经走向个性自由发展的人生道路，那么创新、创业是自然而然的。越是个性化，就越是有机会创新。大家都是一个思维模式，何谈创新？不过是占据细分市场。

假设在一个公司内，有个性的员工被排斥，听话、阿谀奉承、见风使舵、玩弄权术的员工吃香，这个公司何谈创新？

如果父母把孩子教育领向了做一个听话的孩子，一个听话、顺从的人怎么可能创业成功呢？他根本没有敢于冒险的心理承受能力。一个以标准答案为核心理念的教育模式，又怎么能培养出叛逆、有特立独行的思想的人呢？

一个在生活重压下的年轻人，他怎么可能敢于追求自己的兴趣、爱好呢？生活的无奈早就使他的兴趣、激情臣服于世上的生存压力了。

比如，一个考虑着为父母分忧，考虑着赶紧找工作、结婚、买房子、功成名就而不让父母着急，一个怕比同学混得差而担忧工作、收入、买什么车、找什么样的老公、老婆，一个担心得罪老板而不敢说出自己想法的人，他们怎么可能创业成功呢？即便他自己开公司了，也不是真正意义的创业，只是一份自己当老板的工作而已。

总之，创业来自个性的自由发展。这是说，我们得对别人放手。每个人都该对自己的生命负责。这不是别人的事情。对别人放手，就是尊重。对别人放手，就是智慧和爱。对别人放手，才是在追求自己的自由。因为自己会反抗别人对自己的控制。就会指着他说："去管好你自己的事情吧！你不要认为别人是小孩、是弱者、是无知者而强加管理，这反而证明了你是小孩心理，并由此滋生出你野蛮和黑暗的心灵。"

能想象得到，一个个性自由的人的生活是什么样的吗？他能在父母、老师、老板面前无丝毫恐惧感地说出自己的看法、感受。

一个容纳个性自由的社会文化环境是什么样的呢？对任何的不同意见即那些个性自由的人都心怀包容，说"你看好了，你就去做吧，那毕竟是你自己的事情"。

这样的社会才会越来越幸福。

11. 问题的根源是人

中国企业的问题是人的问题；

是企业家的问题，不是管理和营销的问题；

不是科技问题，而是科技人的问题；

不是品牌的问题，是品牌管理者的问题；

不是产品质量问题，而是企业内所有人的问题；

不是谈判技巧问题，而是谈判者的问题；

……

从根源即人探究问题，才能根本解决。

一棵蔬菜、一袋牛奶，既可以包含功利、赚钱、唯利是图、不择手段，也可以包含着对行业或产品、工作的热情、热爱，或者包含认真、严谨、精益求精、负责，或者包含创意、喜悦、美，或者包含爱心、同情、怜悯（如定价、对利润率的要求等都能体现出怜悯，或者是冷漠残酷的自私心），等等。

如何选择，在于我们是什么样的人。而我们是什么样的人，在于我们是走在把自己抬高的路上，还是让自己降卑的路上。

12. 自己才是问题的制造者

设计者自身的个性和精神境界是关键。

庸俗者只能设计出庸俗的产品及庸俗的营销策略；

有社会责任感的人自然会设计出贴近自然、节能等特性的产品；

个性四溢的人自然会设计出美的奔放、无顾忌的产品。

进步就是进步，如个性的张扬、奔放无忌、社会责任感。这代表了未来。

不仅产品，营销政策、策略，乃至社会制度等的制定，本质上都依赖于其制定者的人性的觉醒、精神境界、个性、价值观。

一个利润最大化的经营者与一个崇尚自然、艺术气质的经营者自然会制定出截然不同的营销策略、产品设计、公司战略、目标、管理制度、用人制度等。家庭、社会、国家都一样。

也就是说，我们不能只是将注意力放在解决问题上，而是要放在人即自己身上，因为我们自己才是问题的制造者。这才是根本。

我们有野心，那么，就会制造出争斗、竞争、暴力甚至战争，就会有贫困、贫富分化、破坏环境、剥削压迫等丑陋的事情。因此，**我们不仅关注贫困问题，还要关注我们自己——我们的嫉妒、贪婪、欲望、野心、暴力、自私，等等。**

> 我们不仅关注贫困问题，还要关注我们自己——我们的嫉妒、贪婪、欲望、野心、暴力、自私，等等。

13. 一个人对做人的学习

《哈佛商业评论》的一篇文章《最好的领导者是永不知足的学习者》谈到了企业人员尤其是高管（在国内企业更多的是指老板们）的"个人成长"。

文章说道：他要传达的这个消息是什么呢？我们需要面对这样的现实，在世界上大多数男人和女人都比他们自己知道的更陈旧，比他们愿意承认的更无趣，他说："无趣是大型公司的隐疾。有人曾在某一天对我说：'我在忙的时候，要怎么样才不会这么无趣？'我说：'让我来数一数有几种方法。'看看你周围，有多少人是你熟知的——甚至比你年轻的人——已经陷入了固定的态度和习惯。"

这个"个人成长"中的学习，不是指经营管理知识和行业经验的积累和更新，而是作为一个人对做人的学习，即观念、价值观、品质、美德、人生境界、品位、素质素养、爱和正义感、生活和工作的意义，包括对死亡的态度等。

持续地在这种学习里的人，自然有领导力、洞察力，以及仁慈、正直的心和艺术素养。

那么，个人成长怎么实现的呢？显然，那就是认识自己、了解自己。

一个人突然了解到："哦，原来我现在变得很傲慢。"又看到：傲慢，使自己在管理中对待下属的态度有些强势、强制、不尊重，所以意识到自己在下属心里的形象恐怕不是自己想象的样子。在经营中，傲慢使自己独断专行、刚愎自用、自以为是，这又必对自己所做的决策的正确性心生怀疑。

看到这一切，就是在了解自己。而个人的成长即转化，就发生在这个对自己的观察和认识之中。

谁不知道应该谦虚低调，礼贤下士，应该平等、尊重、宽容待人？而且，只要留心，就可以学习到所有的关于傲慢和去除傲慢的知识。但是，我们能借着这些知识改变自己吗？关于恐惧的知识并不能驱除恐惧感；认同了尊重，不意味着就做到尊重了。

傲慢，是我的、你的。因此，我们为什么不直接地观察它呢？

这种对自己的直接观察是与积累知识完全不同的学习方式。我们一直是从自己出发看外界，现在，我们该回头看看自己。

越是了解自己，就越是看见自己的心是多么的污秽、阴暗。然后，我们会感到对自己的恨恶、懊悔和忧伤吗？降卑自己、恨恶自己，就是一个人的成长。

14. 支持专业人士的专业精神

什么是专业精神？

营销人员在分析产品时，心中是不是想着照顾别人的面子、逢迎上级、讨好巴结、保护自己利益，还是在时刻地反思自己有没有可能已经陷入自己的经验、知识、好恶的局限中？

我们的做法，是专业人士的专业精神的体现吗？**是否在支持专业人士的专业精神，还是在对自我利益的保护中？**

一个人有才能，有超常的洞察力，可是，如果他顾念自己的利益比坚持真理（自己认为对的观点）更重要，那么，他的才能和洞察力又有什么用呢？

他会选择迎合、逢迎、讨好、顺从，而放弃自己的观点。

一个管理者呢？在自己的傲慢、面子、利益、权威下，压制不同意见，反感不同意见，那么，那些有洞察力的、有才干的人也没有机会发挥。他们要么走掉，要么选择曲意逢迎。

这些都是不专业的表现。

这是人的问题。是一个人的境界、品德、品质的问题。

15. 轻松的心才有可能创新

创意、新意、创新，成了奢侈品。然后，产品、品牌永远走不出价格战。那就自然地演化成管理问题、营销问题，以及各种偷工减料的非正常的恶性问题。怎么获得创新能力？至少，得先有一颗悠闲、轻松、嬉戏、好奇的心。

可是，我们的心都被利益、功利占满了。因此不管贫富，我们的心都在疲惫、挣扎、焦虑中。我们被人际关系、钩心斗角拖垮了精力、败坏了心情。我们唯上而不唯真，所以神经紧张、如履薄冰。哪来的悠闲、嬉戏的心呢？

我们早已失去了童真、质朴之心，心怀奸诈、狡诈、阴险、阴暗、复杂。在各种关系中，总是处在算计和被算计的心境里。一句话、一个笑容里都有含义。因此没有安全感。

这犹如在公交车上，年轻人担心突然被某个老人指责不让座而不踏实地坐着，老人担忧着年轻人不懂尊老而不让座。坐着、站着，或年轻人、老年人，都是复杂而担忧的心。何来的悠闲、嬉戏呢？

总之，我们的心在焦虑与无聊之间摇摆。无福待在宁静、安详、坦然无惧的安息（心灵的休息状态）里。也就无福与创新有缘。

> 我们的心在焦虑与无聊之间摇摆。

16. 敏感、细腻的心

《哈佛商业评论》刊登过一篇文章《新理念：管理不是专业》，其中有一段话说道："看看以下正式回忆伦敦商学院 MBA 课程中的发现：'我们所采访过的公司领导人事实上会列出一长串对新员工素质的要求，但是这里面几乎不会涉及任何实用性或技术性知识。更确切地说，他们的要求事实上可以总结为以下几点：需要更有思考力、更深刻、更敏锐、更灵活、适应力更强的经理人，是可塑之才，有发展成为全球主管的潜质。'伦敦商学院把这些要求概括为特质而非技巧。这些内在特质富有弹性而不可界定。特别是在商学院的环境中，或许可以学到这些，但是至于能不能传授，那就不是那么容易可以看出来的，倒是可以指望专业学校做到。"

文章提到的这几个素质中，"觉知、觉察、意识到"（aware）和"敏感、细腻"（sensitive），对于我们来说恐怕更欠缺一些。经理人、管理者（实际上是企业里的所有人）的觉察力和敏感性意味着什么呢？

我们是一个有觉知的人吗？

我们能觉知到被投诉的顾客内心的烦恼、郁闷吗？还是例行公事地在工作？

我们能觉知到业绩不好的员工内心的焦虑、担忧、压抑吗？还是仅仅为了业绩提高继续施加压力？

公交车司机觉知到等车人的焦虑、怕拥挤、抢不到座位的心情吗？售票员觉知到排队的人的焦急了吗？还是看着那些拥挤在一起的可怜人们而心生优越感、幸运感呢？

我们能觉察到自己的野心勃勃、冷漠自私、傲慢和自以为是吗？

觉察到自己看着同事失误、同学病逝而幸灾乐祸和心存侥幸吗？

看到自己是出于嫉妒、仇富心理而抱怨老板吗？

看到自己是在维护自己的面子的心理下而死不认错吗？

看见自己为了推销产品而完全不顾客户是否真的需要吗？

因此，觉知、觉察其实就等同于慈悲、仁慈和爱。它就是一颗温柔、柔和、体贴的心。它也是促进一个人走向仁慈、柔和的途径。

敏感、细腻与觉知、觉察很像，都是人的一种素养、素质。

在便利店工作，我们对天气敏感吗？

阴天、雨天、闷热天、寒冷、下雪、晴朗凉爽的天气，会对超市的工作做些什么调整呢？

便利店在乎的、计较的就是类似于由于备货不足而少卖了一盒便当而损失的利润。同时，计较的也是这样一盒便当：由于订货多了而扔掉一盒过期的便当，它损失了多少利润呢？超市的利润就是在每个单品的恰到好处的平衡处积累出来的。

不敏感、不认真、不专业，就无法做到订货、库存与顾客需求之间的平衡。而便当每天的订货数量与当天的天气有很密切的关联。当然天气也只是诸多因素中的一个。一个敏感的店长能根据天气情况准确地估计出便当的销量。他的订货就是准确的。敏感使他能准确地预估出每个单品（重要单品）的波动的销售情况，他就把这家店做成功了。

如果在大型超市工作，我们对东北大米的价格有多敏感呢？这意味着在某个供价下敢下多少吨的订单呢？订的少了意味着这次利润的损失；订的多了，则滞销、造成损耗而损失毛利。但是竞争对手要是订货准确呢？失败就是迟早的事。

我们听不到夏天第一声蝉鸣，看不到秋天的第一片落叶，看不到收银员麻木的脸后面的劳累，就不能说我们是敏感的。

敏感，就是热爱生活，也就是热爱工作（工作是生活的一部分，它就是生活）。

> 他热爱工作，对工作敏感，他就实现了他对人的关心。

敏感就是关心、关注、爱护。不让一个在周围上班的人因雨天而吃不上午饭，这就是那个敏感的店长的关心。**他热爱工作，对工作敏感，就实现了他对人的关心**。这样的话，他对自己的关心（热爱自己的工作，为自己的幸福而工作）与对顾客的关心又有什么不同呢？它们不是成为一体了吗？他自己与买便当的顾客是同样的人。怎么能厚此薄彼呢？

就如订货的平衡，平衡就是艺术和美，因此敏感就是艺术性，就是美。

企业对经理人的要求有觉知和敏感吗？有在喜悦、欣赏一颗柔和、体贴、关心、关爱之心吗？

17. 经理人，为大众服务的人

我们在培养、选择经理人时，将正义感、社会责任感、善等作为重要的、必需的标准吗（当然不是指口号式的、停留在字面上的价值观）？恐怕没有。

在公司开会时一个人说："你的提案是不正义的，你的想法对社会带来了危害，带来了不公平、不平等。"我们会不会将这个人视为怪物、外星人？他还会在公司继续工作吗？他在其他公司能找到工作吗（外企除外）？

常见的现象是：无能的同事的嫉妒的攻击；

平庸的人往往坐在高位；

无智商的商业决策；

只会山寨、抄袭导致产品同质化而恶性的价格战，最后偷工减料、压榨工人；

创新者无法生存；

化学成分泛滥于食品、种植、养殖，高产、多产是目的，不顾健康和安全；

……

因此，问题在于，就如我们对医生、教师这样的职业有道德上的要求，对于经理人这样一份职业，是否也理所应当有一份道德要求呢？是否要求他们必须具有社会责任感、正义感、仁慈之心呢？

这决定于经理人这个职业是否具有神圣性。就如医生、教师、律师等职业直接涉及人的生命和灵魂，经理人的职业的神圣性在哪里呢？有没有对人的生命的尊严和灵魂的体验有着严重的影响呢？

一家面包店的老板可以为了私欲而经营、管理，没人能去指责他的自私。比如，他利用自己的产品的优越或某种独特性而卖高价。

但是，当一个职业经理人进入他的面包店，接手他的经营管理之后呢？

这个经理人的行为、思路是否有所不同呢？

他能奉行利润最大化吗？

他是否在定价时考虑到正义、仁慈和社会责任感（如消除贫富不均），而不利用自己的产品优势，在利润和社会责任之间坚守一定的平衡呢？

这就是经理人的职业的神圣性。

因此，从普通教育到商学院的教育，以及公司的招聘、培训及企业文化和价值观，乃至流程、战略等，是不是都应该朝向培养和建立经理人的职业化的道德要求呢？

经理人，恐怕是未来（其实现在已经是）把私人企业、私利性企业替大众接手过来为大众服务的人。

18. 赋予工作以意义

工作的意义是什么？或者说，为了什么而工作？当然，最直接的回答是，为了生存、养家糊口，或者为了实现自己的理想和价值。

我们在为了谋生的同时，客观上也做着贡献。区别在于，一个人是否意识到自己的贡献的这一面。而意识到的人，就会自然而然地开始把关注点放在贡献上。同时，也就开始对善恶有觉知了。也就是说，他开始关注自己是否在做着积极的、光明的、正义的、善的、美好的贡献。

这就是工作的意义的开始。否则，为了自己而工作这件事又怎么能与"意义"这个词相提并论呢？那本就是没意义。

每个人在世界上都是独一无二的。因此，我们总能在自己的独一无二的特性上给这个世界即他人带来一份独特的贡献。就如每一片树叶、每一只麻雀给这个世界、给这个早晨、给这个冬日、给闲坐的那个人增添的那一份独特的意义。

当我们行在自己的独一无二之处时，就是顺从了造物主的意愿。

因此，工作是同样的，但事实上有两种：有意义的与无意义的。

> 工作是同样的，但事实上有两种：有意义的与无意义的。

你看那个有意义工作的人，他面容爽朗，有着清澈、明亮的眼睛；再看那个无意义工作的人，他面容枯槁、疲惫、松弛，双眼流露出昏黄、暗淡、无神、游移、贪婪、狡诈、浅薄。他们走在不同的人生、生命的道路上。

那个想到我卖的饮料是在帮助人们解渴的人是幸运的、快乐的；

那个想到我做的金银饰品是爱情的信物、我是在制造美的人是幸运的、快乐的；

那个想到自己的微笑会让顾客感到一丝温暖的收银员是幸运的、快乐的。

这就是工作的意义。

与其工作，与其活着，为什么不让它有意义呢？这是人的精神性所具备的能力——赋予事物以意义（精神内涵）。

19. 思考是需要吃苦的

我们早就知道直接的、恶性的、价格战的竞争是不对的，但是为什么还是一直这么做呢？为什么大家都知道同质化的竞争是两败俱伤，却没有把注意力、精力、资金投入到寻求差异化的方向上呢？我们的观念、价值观为什么没有发生革新呢？

我们缺少的还不是思考的方法和技巧（还到不了这个层面），而是吃不了思考的苦。

因为要做出差异性需要的是付出——付出辛苦、辛劳、心力、脑力、精力。就是费神，殚精竭虑。总之，需要的是思考，而且是冥思苦想。这正是我们欠缺的。**我们缺少的还不是思考的方法和技巧（还到不了这个层面），而是吃不了思考的苦。**也就是说，我们还谈不上不会思考，而是不知道思考、不愿意思考。

一家超市说"竞争对手的生鲜做得好，我要学习他们，要去他们那里做调查，还可以挖他们几个人"，但是，他会冥思苦想生鲜的本质是什么吗？

他会思考人们现在对生鲜食品的根本需求是什么吗？

是健康、安全吗？新鲜、便宜、商品丰富，与健康、安全相比，被弱化了多少（在大众的消费水平下）？

到底怎么做好生鲜的健康、安全？

食品安全的根源在哪儿？

作为一家超市，能为生鲜食品的安全做什么？

……

而这一系列的思考才是做好生鲜的基础。

比如，家乐福开发的一个内部的生鲜食品质量体系（不是自有品牌），就是很深入地解决生鲜食品安全、健康问题的方法。它能避开价格战，也深入生鲜食品的源头，而且是在做着一家超市的能力范围和本分之内的事情。

一家企业不能考虑唤醒人们的良心这样的问题，也不能考虑解决社会性问题、民族文化问题，它只能利用自己的资金、管理技术、多年丰富的行业经验、专业能力、价值观、认真精神、商业的动力、强大的运营能力、执行力和具有良知、正义感的内部人才。更重要的是，能殚精竭虑地思考经营中遇到的每个问题。

正如那个"生鲜食品质量体系"，如果省略了家乐福曾经为此做过的思考过程及其艰辛，以及未深入体验到被顾客抛弃、被对手超越的痛心和压力（我们很多时候是选择了逃避压力），即便模仿，最终也会流于形式。

模仿一个实体产品容易，但怎么能模仿脑子里的思考过程呢？更无法模仿一个认为就该殚精竭虑地思考的心，以及一个具有了深刻思考能力的大脑。

我们为什么吃不了思考的苦？因为我们只要个人利益，其他的一切都不顾。

> 我们为什么吃不了思考的苦？因为我们只要个人利益，其他的一切都不顾。

这是一个人在与他人、与社会、与自然界、与上帝、与一切的关系（人的本质其实就是关系）中最低贱的一种关系，即人人都要为我，而我还是为我。

不管在什么样的环境里，只管个人利益的人所选择的方法一定是现成的，他不会选择新路。而每条新路都是某个人先走出来的，也即每个新方法、新解决方案、新模式都是由某个人先思考出来的。

山寨产品，价格战，低端市场，挣价值链最底层的微薄利润，这就是吃不了思考的苦的必然结果。

我们不能再无视商业世界里的关系这个底线，即我要得到想要的东西，就必须给别人他们想要的东西。

20. 思考后的才是自己的

听培训课时，老师会有讨论、互动、等待大家的思考即经常的停顿。这是听课的好处，有人引导着思考，并最终能印证思考的结果。但是，读书则不同。这是一个自主的、自觉性的学习过程。

我们在读书（非文学性的书）时，是在同步的思考呢，还是一边读一边期待着看后面作者的答案呢？后者其实就不是在思考。这种读书的意义也就不大。读完，什么也不会发生，仅仅是思想的享受而已。

我们是习惯带着思考读书吗？**与作者同步的思考，不是对作者的结论的思考、分析。这样的读书才有价值。**

这就看得更清楚了，对于讲课者（培训）来说，讲课过程的重点是启发大家思考问题，力图让人们在思考中各自得到课程所要讲的结论，而不是以解释讲课者的观点为主。这样的讲课才能带来人的真正的改变。因为经过思考后的东西才能变成自己的。

因此，这样的讲课是善的、利他的，而不是追求自己的名利，这是在授之以渔。

这立即能引发我们的反思：我们是在欣赏这样的讲课者吗？也就是说，我们是在喜欢善、真理和光明吗？一个沉浸在自私里的人，有能力喜爱真善美吗？

思考是划破心灵黑夜的一道闪电。让我们由衷地尊重、喜爱思考吧！

21. 承认人的自私性

在经营中，我们为什么做不到诚信？实际上，就如环境污染一样，不诚信是一个社会问题。而且，人本身的败坏比由人的败坏而带来的事物的败坏严重得多。

这是人的自私性在没有被约束下的大爆发。人类自身对人性的约束主要是道德和制度两个方面。但是，由于我们一直不承认人的自私性，或者说总是以人能教化好而逃避自私性这个事实，使约束性一直没有建立起来。

也就是说，从整个社会的角度来说，我们不担心随时会有人跳出来指责：人是自私的，因此你做了什么实质性的举措，使你的饭馆所用的食材不是地沟油之类的低劣货，你的企业给员工的待遇不是苛刻、严苛、克扣，不是血汗工厂？不，你对此什么也没做。

对人的自私性，我们一直缺乏这种普遍性的、深入文化骨髓的约束力。

当我们把自私性晾晒到每个人公开地承认的真实之光里的时候，才会着手建立约束性。但是，藏在改善、教化、追求高尚的虚假里，自私就会如野草一样滋长。越是在财富和权力这种潮湿、阴暗的地方，长得越茂盛。

而我们这种伪饰事实的文化，它的本性不就是不诚信吗？

久旱逢甘霖，我们遇到诚信的产品会蜂拥而至。犹如我们在文明地区投诉时会更加矫情、恣意，像个小孩一样。在幼稚的心理下，我们会认为我们是善的，是诚信的。因为我们在盛赞诚信产品啊。

可是，成熟点吧！我们对诚信的渴望不正是由于周围遍布不诚信吗？然后，不诚信是谁造成的呢？不是我们每个人吗？

不是我们伪饰的、矫情的、好面子的不公开承认人的自私性的幼稚心理吗？

当我们互相说："我是自私的，你也是自私的，谁也别说谁高尚。因此，让我们看看想什么办法，能使当我倾向于用劣质材料制造产品时有人能制止我，当你倾向于制定苛待员工的规章时有人能制止你。"诚信才能慢慢地建立起来。

因此，诚信只能先从承认人的自私性（本性上的恶）开始。只能从人的根源上的诚信做起——红着脸、羞愧地公开承认我是自私的（恶的）。

因此，诚信只能先从承认人的自私性（本性上的恶）开始。只能从人的根源上的诚信做起——红着脸、羞愧地公开承认我是自私的（恶的）。

22. 有多少工作是恶的

绝大多数人意识不到自己的工作给他人、社会、人类带来的意义、善与恶。我们该停下片刻问问自己：我做的工作，除了为了谋生外，它本身是否有意义呢？是否是善的呢？

我的工作在加速着环境污染吗？

在伤害着动植物的生存吗？

在加剧着社会的不公吗？

在使他人更贫困吗？

在误导他人吗？在将一个人的人生带入愚昧吗（如教育工作）？

在加剧冲突、暴力吗？

在迎合人们的虚荣、贪婪、权威意识吗？

我的工作给世界带来美了吗？

带来善了吗？

带来爱了吗？

带来和解、理解、包容了吗？

带来公平、正义、平等、自由了吗？

带来同情、帮助、柔和、敏感了吗？

在津津乐道某某企业、某某模式时，我们是否想过他们的作为是善的、是给社会带来意义的？如果他们只是个极端自私的利益导向的企业或模式，那么如此推荐、欣赏，不是在加剧后果吗？恶果早晚要降临到每个人身上，即回到我们这些曾经夸耀、羡慕、追捧他们的人身上。

当我们扪心自问："我的工作是有意义的、有价值的、善的，还是毫无意义，仅仅是浪费着纳税人的钱，甚至在加剧社会、地球、他人的贫困和不公，只是为自己的利益而工作吗？"这不是说，我们必须马上换工作，而是让我们有机会看清自己内心的真相，看清里面的黑暗和恶。

比如，也许我们需要满足对自卑心的填补，需要加入一种自豪感。那么，用辉煌历史填补人们自卑心的工作，与引导人们认识自卑心、引导认识自己的错误和问题的工作相比，哪个更有意义、更善、更负责任、是更为了民族着想的呢？

填补自卑感不过就是如填补欲望一

> 填补自卑感不过就是如填补欲望一样，欲壑难填，永远填不满。

样，欲壑难填，永远填不满。这就是被它们牵着走的愚蠢的人生。同时也自然是空虚、无意义的。而且，**填补的麻醉效果，让人们失去了寻找根源的机会。这是更大的恶。**

在理性、负责任、成熟的心智下，这些用在填补自卑感上的资源不如用在帮助食不果腹、不能接受基本的教育、有病没钱医治的人们身上。这不才是有意义吗？对活着的人们的生活的实际需要、善的需要、正义的需要提供帮助，而不是帮助满足恶的、虚妄的需要，这才是有意义的工作。

至少我们每个人都该想想这个问题。

23. 追求卓越

"几年前 UPS 的一位经理提出一个非常规的问题：'我们能否通过限制左转弯来达到降低油耗？'如今，UPS 和其他大型物流公司都在使用路线规划技术，包括避免左转弯，来减少行驶里程和弯路损失，一年节省燃油 3200 万升。"

这是《哈佛商业评论》中一篇文章中的故事。我们难道不会被这种企业和管理所触动吗？

这样的公司、这样的经理和思考方式，在追求卓越、个人成就、业绩中，在为自己谋取了优势和利益的同时，也为社会做出了贡献。也就是说，公司是社会的一部分，只要公司善待员工，就是帮助社会解决就业问题，就是给社会增加善和正义；

只要公司不断地付诸降低成本的努力，就是在保护环境；

只要公司不断地创新，社会就走向更加文明、富裕。

因此，追求个人的卓越与社会责任、善并不是矛盾的。只有在追求这种私利的时候，如赚钱、享受、旅游、美食、出国、子女的学习和未来工作、养老保健养生、炫耀等，以及陷在寂寞、痛苦、空虚、悲伤等的自我中心里，个人与社会、正义、善才会发生矛盾。

追求卓越，是一种善和正义的力量。最明显的例子就是，假设一名医生在工作中一直追求卓越，那么他就同时是在救更多的病人。

问题是，我们恰恰不是在追求这种卓越，而是相反，选择龌龊、不正派的做法。比如，一名追求卓越的超市销售员在面对蔬菜的损耗时，他想的是如何提高订货水平，如何锻炼自己对蔬菜的价格、品质、天气、季节等综合因素对销量影响的敏感性（直觉）。而龌龊的做法就是用以次充好、反包（把过期的食品重新包装贴上新的保质期）等手段。

显然，我们缺失了正直的品性。也就是说，我们在获取自己的利益的时候，根本就不顾别人的利益，甚至是损害别人的利益。由不正直的人组成的公司，又怎么能持续地发展和有竞争优势呢？就如 UPS 那个经理，即便是一个正直的人，并有洞见，但是在不正直的公司环境里，他敢提出那个建议吗？这个建议不知夺走了多少部门和人的利益。

我们就沿着龌龊、不正直的方向发展出更黑暗的权术等东西。我们与光明、正直背道而驰，越来越远。

然后，**我们就沿着龌龊、不正直的方向发展出更黑暗的权术等东西。我们与光明、正直背道而驰，越来越远。**

我们还不痛恨自己吗？痛恨黑暗，不就是喜爱光明吗？

24. 精神世界为什么一直没有降临

平时，我们很少谈及精神事物。

励志、赚钱、工作、事业、经济、管理、营销、金融、MBA、培训、房子、车子、结婚、生儿育女、旅游、收藏、学习、出国等，这些自然不是精神。

爱情、亲情、友情，也不是精神。

心灵鸡汤、心理学、哲学、人类学、医学，也不是精神。它们试图理解、解释、论证精神，但是它们本身不是精神。

典型的精神事物是艺术，因为艺术就是美，表达人性的美。包括音乐（不是流行音乐）、绘画、雕塑、文学（非通俗文学）、舞蹈、电影等。

可是，艺术离我们很远。几千年，恐怕很少接近过。唐诗宋词，水墨丹青，是艺术吗？那要看它们在表达什么。若是表达发挥个人才智的志向、隐居、卓尔不群、失意愤世、悠然山林、空性境界、机锋对答，这也许还不是精神。因为其中的内涵就是强烈的自我。

人性，就是精神。

当然，这里说的人性不是指炙热、纯洁的爱情，为亲人的去世而悲伤欲绝，贪婪、嫉妒、虚荣等。而是指同情，尊重，理解，忍耐，宽容，包容，帮助，正义，正直，平等，关心，公平，勇气，诚实，责任，分享，爱，仁慈，等等。

人性，就是爱。

精神与物质完全不是对立的。在任何一个物质事物中，都可以加入精神，也可以完全失去精神。比如，爱情中，有诚实、尊重、正直、勇气吗？还是只有占有欲、嫉妒、欲望？我们的产品中有尊重、社会责任感、爱心吗？还是只有贪婪、欺骗、唯利是图、不择手段、暴力残酷的竞争？

我们对孩子的爱中有平等、尊重吗？还是只有溺爱、为了学习成绩的逼迫？

我们的哲学研究中有爱、同情吗？还是只有推理、逻辑、方法、系统？

我们的志向中有仁义吗？还是只有个人野心的奋斗？

我们恐怕是没有，完全没有。

这就是问题所在。

生活在无精神、灵魂、心灵、人性的世界上，有幸福感吗？志向达到了、钱挣够了，就会幸福吗？

融入了人性、精神、美、爱的社会是这样的：你走到哪里，不管你是谁，有钱与否，有权与否，都是看到笑脸、友善和真诚。

融入了人性、精神、美、爱的社会是这样的：你走到哪里，不管你是谁，有钱与否，有权与否，都是看到笑脸、友善和真诚。他也许没有帮到你，但是他是友善的、真诚的、尊重的。

这就足够了。每天生活在这样的世

界，难道不幸福吗？

你、我，我们每个人，是不是看到了他人内心的痛苦而生出同情，而不只是因为他是家人？是否在设计产品、制造产品时，怀着尊重、诚实、良知的精神？在与同事讨论时，内心是否怀着尊重和友好？

在我们这里，有多少这样的人？重要的是，我自己是这样的人吗？

社会和企业里，缺乏了精神，即艺术性、人性、美、善、爱、正义，就只能活在激烈的有你没我的零和游戏的法则里。这必然是个残忍、冷漠的世界。

可以看出来，多元化、个性化是关乎整个人类文明的大问题。它是创造力和爱的前提条件。所以，看到统一化、物质化的丑陋了吗？

25. 坚守信念

以物质（工作、结婚、生儿育女、退休等）为核心的生活，与在信仰（不是指宗教信仰，而是指坚持自己的信念，在以自己的信念为目标的生活）下的生活完全不同。这无优劣之分，只是不同而已。

坚持自己的信念而生活，谈何容易。在现实生活与信念之间，永远有痛苦的挣扎、磨难。又有多少人坚持不动摇？

有部电影《醉乡民谣》，参考的是 20 世纪 60 年代民谣歌手戴夫·范·朗克的亲身经历。他曾嘲讽俗气的、毫无艺术性的女歌手，而被她丈夫暴打。他在风雪里忍受着极寒和粗俗的同伴跋涉到异地，在一个制片人面前弹奏着伤感的曲子，最后被婉拒。他坐在台下，喝着闷酒，看着自己原来的同伴与他的新同伴在唱歌，听着人们对他们的掌声。在大雪纷飞中，居无定所，奔波着，推荐自己的唱片。只为坚持他的一个信念——他要唱他想要的那种音乐。

《了不起的盖茨比》的作者菲茨杰拉德在写给他女儿的信中说：

"但是他花了几个月的时间，让我明白诗和非诗之间的差异。在那之后，我首要发现之一是，一些正在讲授诗学的教授事实上憎恨诗歌，根本不知道它到底是怎么回事。我和他们一起接连不断地品尝无数的残羹冷炙，以至于到最后全然放弃英语。

"诗歌艺术要么是如火般在内心深处燃烧的东西，如同音乐之于音乐家，要不然什么也不是，一个空洞的、形式化的无聊事物。"

菲茨杰拉德的信念是诗，那个"如火般在内心深处燃烧的东西"。他同样经历了与世俗的斗争、挣扎。一句"以至于到最后全然放弃英语"，包含着多少没有表达出来的挣扎和痛苦。

信念永远与世俗社会、现实生活有着冲突。因为信念就是在反对现实生活的庸俗、约定俗成、一成不变、麻木冷漠、例行公事、平淡无奇、空洞乏味、沉沦、物质化。而这些就是对善、爱、美、真理、正义的否定（更不用说阻碍创新了）。因此，坚守信念的人，不管他的信念是什么，实际上他都是在追求爱、真理、美、善、正义。

我们看看自己的生活就知道了。每天一样的日程，可以一眼看穿的一生（我们不知道自己何时死，但是知道必然是死的平淡无奇）。

我们的企业和工作缺乏的不正是信念吗？在平庸和功利心下，只能滋生出软弱和不良的产品。**而工作本身（这涉及我们所有的人）成为乏味的例行公事。**

26. 认识自己、了解自己

认识自己、了解自己、探索自己，对一个人的工作（包括日常生活）有着重要的意义。它影响对工作性质的选择和由不断地自我改善而带来的工作的成功。

也许很多人还没有认真地对待和给自己做过职业生涯设计。它恐怕还未成为我们人生中重要的一个课程或内容，尤其是在上学阶段。职业生涯设计中最重要的一个环节就是认识自己。我们不了解自己，又怎么会知道自己适合做什么样的工作呢？那又怎么能做好呢？

但是，在我们的文化中，**把那些赚钱多、地位高、受人尊重、清闲等所谓的好工作当作追求的目标，这其实就是将职业生涯设计给否定了。**可是我们的文化中还有虚伪、说一套做一套的内容，恐怕谁也不会在外面公开说职业生涯设计没用，甚把那些赚钱多、地位高、受人尊重、清闲等所谓的好工作当作追求的目标，这其实就是将职业生涯设计给否定了。

至还在推崇它、讲授它，但是，实际的行为却还是尽量去找那些所谓的好工作。不就是这样吗？

另外，对于很多人来说，受困于找工作难，更谈不上找适合自己、自己喜欢的工作了。所以职业生涯设计对他们也根本没用，就成为"奢侈品"。当然，这不正是一个社会问题吗？不该引起所有人的关注吗？

因此，问题是，我们现在开始走上探索自我的道路了吗？还是在年龄很大时才意识到要认识自我？显然，越早认识自我的人（不是已经认识了自我，而是知道应该认识自我，并开始试着认识自我），才有更大的可能得到事业、工作的成功，才能有更好的人生。

但是，现实问题是，我们都普遍缺乏专门的职业生涯设计和更早的认识自我的引导，大部分人是在工作之后，甚至是工作很久之后，才意识到要认识自己、了解自己。这意味着我们必须经历更多的痛苦和苦难。我们在工作中就找不到开心、成就、充实、满足、人生的意义了。

由于我们都不喜欢、也不擅长自己的工作，为了生存和发展，我们就不得不学习和陷入黑暗的权术技能中。工作中的焦点不是事情本身，而是人。然后，就这么心力劳累地挨到退休。而大多数人既没关系，也不擅长搞关系，才能也平常，也没高学历，就必然面临着更大的人生苦难。而那些正直、善良的人，更像是飞蛾扑火般的被毁掉了才能、抱负和整个人生。

第三章
在工作中成长

有些人在某个阶段幸运地发现了自己喜欢的工作，但是在养家糊口的重担下，又有几人敢于跳出来去做自己喜欢做的事情呢？**我们陷入自己建构的黑暗深渊里。轻松、快乐、成就、创意、有意义的工作，从未被我们体验过。**

虽然每个人都在人生的苦海里，但是只有少数人在经历苦难、痛苦。或者说，痛苦、苦难是属于少数人的。痛苦和苦难是属于那些正直、善良、有理想的、追求真理的人的。因为只有他们才会为诸如陷入搞关系、搞权术里而痛苦、

> 我们陷入自己建构的黑暗深渊里。轻松、快乐、成就、创意、有意义的工作，从未被我们体验过。

质疑、抗争、不屈。在这个过程中，他们为这种黑暗现象而痛苦、求索，同时由于抗争黑暗而被逼迫，因此遭遇由此而来的苦难（不是普通人的得病、贫穷、亲人去世等苦难）。

那些喜欢、擅长权术的人怎么能为此痛苦和遭受苦难呢？大众的麻木、无知，怎会意识到这个黑暗并为此痛苦呢？在盲从、屈从中，他们体验到的是被压迫的苦难（但这种苦难并不一定进入了灵魂）。因此，心灵（灵魂）的痛苦，只属于那些异常清醒的灵魂。

苦难进入了灵魂才算是痛苦。对于失去了灵魂或者说关闭了灵魂的人，只能体验到苦难。

因此，我们该深深地责备自己。这是唯一的出路！

走在认识自己、了解自己的道路上，有三个误区需要防范。它们根植在人的意识深处。一般情况下，我们不仅感知不到它们，也下意识地会认为它们是正确的。

第一个误区，以改变自己为目的。

了解自己不就是为了改变自己吗？这听起来没错，但是人的改变恰好是在了解自己的同时发生的。换句话说，了解自己就是改变自己。而寻求方法、理论来改变自己的思路，只会把人带入更加自我里。就如不是去修炼谦虚，而是在对骄傲、傲慢、自负、自大的了解过程中，它们的瓦解、弱化，就是谦虚的到来。

第二个误区，通过外在知识认识自己。

认识我们的嫉妒，不是来自于对嫉妒的知识、他人的经验的学习，而是对嫉妒的直接的观察。嫉妒就在我们的内心，为什么不直接观察它呢？嫉妒的知识不是嫉妒本身。我们要去搅扰、观察嫉妒本身，才能看清楚它的本质。

第三个误区，以所谓的"正能量"替代缺点。

这正是我们这个文化提倡的，用灌输（一种美德，如仁、孝敬等）的教育方式，期待把人变好。难道我们学习了谦虚的道理、认同了谦虚，就能做到谦虚吗？就是一个谦虚的人了吗？看看我们现在的现实，就知道它有没有效果了。

其实，这种幼稚的思路反而是阻碍我们走向进步、文明的障碍。它阻碍了我们直面自己的事实。这就是它最大的罪恶。

27. 向"自我"学习

为了自己和企业的提升，我们总是在学习着。

从书本、培训中学习知识，在工作中积累经验，由头脑思考产生的想法。不过，这些都是外在的知识，即"自我"之外的知识。我们有曾探索过、学习过关于"自我"的知识吗？也许有。但是，关于"自我"的知识仍然是知识，它们与营销知识、管理知识具有同样的本质，都是思想性、概念性的事物，即都是那个真正的"自我"之外的事物。

比如，对"人生是苦"的教诲的理解，并不是自己的内在体验到了"人生是苦"事物本身。我体验到了"人生是苦"之后，再告知他人，就成为那个人的知识，他不一定体验到了我所体验到的那个事物。

而直接看见"人生是苦"，意味着在自己的生活里看见了人必然走向败坏、衰败和在任何情况下人都不能得到平安的心境，以及欲望得到满足后很快会出现新的欲望，人并不能享受欲望满足的喜悦（非常短暂）。人不管在多么好的境遇里，心里总会有一个填不满的不足、遗憾。而且，这个直接的看见，一定会引发内心的某种革命，某个价值观的彻底颠覆，对人生、生活的看法的彻底改变。

这是说，还有一种学习、探索，即直接地对自己的观察、探索、学习。

对于企业的发展、工作能力的提高，探索、学习、认识自己，恐怕比对管理知识、营销知识、领导力、职场技巧、团队精神、沟通技巧、互联网思维等更加重要。

> 还有一种学习、探索，即直接地对自己的观察、探索、学习。

比如，即便精通了"头脑风暴"方法，如果我是一个等级意识特别强的人，那么，我能心平气和地倾听比我职位低的人员的不同意见吗？我能够毫无胆怯地、轻松自如地发表与领导不同的意见吗？

而且，关键不在于我当场是否倾听和提出了，而是在于我的内心是否心平气和、轻松自如。否则就是对自己的压抑。长期的压抑，就成了心理疾病和生理疾病。

因此，头脑风暴的知识、技巧并没有解决我们不会讨论、不会辩论的问题。这些知识、技巧并没带着我们走向管理和效率的高处，我们还待在原地。要想解决这个问题，我们需要从了解自己的等级意识、权威意识开始。

即便我们不说哪个更加重要，至少我们是忽略了对自己的认识、探索。我们认为提高自己、改善自己，就是多学习各种知识、积累经验。可是，难道对自己的认识和了解不才是真正的改变自我的起点吗？

知道了自己在与陌生人交往时总是很紧张，并且真正地正视它、探究它。

看看为什么与陌生人交往时会那么紧张？

它的深层心理是什么？

这是不是太"自我"、太自恋了？

我还看到紧张感使我思维停滞、迟钝，影响我与新客户的谈判。这种情况下，掌握的沟通技巧、谈判技巧都用不上了。至少它们的作用不如在见到陌生人之前想象的那么有效。

因此，要想真正地改变自己，使自己内心和头脑发生彻底

的革命，需要一种崭新的学习、探索方式，即看向自己的内在，直接地观察自己、探究自己。那么，如何不通过知识、他人的经验和体验，而直接地观察自己、探索自己呢？

其实这个问题本身就是错误的。因为就如眼睛要看见对面的山直接看即可，没有方法和练习可言，也就是说，根本就没有"怎么看"这个问题。人的注意力、觉知就是看内心和头脑里的事物的工具。一旦意识到应该将自己的注意力、觉知转向内在，这个关键时刻，"看见"就发生了。这个时候看见（比如嫉妒）就如眼睛看见山是一样的了。

但是，这个关键时刻的发生却是需要经历一个艰难历程。要跨过两座高山。

一是意识到自己（自我）才是一切问题的根源；

二是意识到认识自我、改变自我是无法通过外在的方法、学习、练习而达到的。

在这两个问题上，我们需要付出艰辛的探索、思考。

28. 到底什么是事实

我们如何反驳或者有效地指出某个看法的错误之处呢？

"你不懂营销，我说的是营销的基本原理""人家西方企业几十年都这样做，怎会有错呢"，等等，这样的说法就是简单、粗暴地以权威、专业、知识、经验压人了。实际上这反映的是一个人品质的优劣。以势压人的人怎么能是个善良的好人呢？

有时，以权威压人的表现很隐秘。比如在用数据说服别人时，一不小心也成了以势压人了。也就是说，当数据里缺乏了逻辑、基础数据的来源的根据、数据量太小时，若还用数据证明自己、说服别人，就是无理的行为。

权威意识，使我们流于肤浅，并远离真相、事实。它的影响是无形的，但却是巨大的。一个活在肤浅和假象里的企业，怎么能有前途呢？

那么，什么是在真理和善意下的指出问题、辩论问题呢？

显然，就是指出事实。

但是如何向别人指出事实呢？

如何让别人也意识到那是事实呢？

只有两个人都看见了事实，才能说是在指出事实、在用事实说话。因此，问题的关键就是什么是事实？

比如，当说某品牌还不是真正的品牌，即还没有品牌价值（假设这是真的）。我们怎么向别人指出这个事实呢？或者说，它的事实又是在指什么呢？当然可以用问卷调查的数据分析结果来说明，这也能指向事实。不过，数据仍然是指向事实的外在因素，而不是事实本身。犹如温度计指示的温度并不是那个温度本身。

关于那个品牌是否是真正的品牌的事实，是这种情况：

当我们作为一名顾客，去超市购买此类商品时，是不是只买这个品牌呢？

当这个品牌缺货时，是不是会到另外一家超市去购买呢？

当这个品牌涨价，或者同类商品里的其他品牌降价促销时，会选择购买其他品牌吗？

如果不管它是否涨价、缺货我都要去买它，这说明它是真正的品牌（不管这个品牌的忠实消费者有多少）。

对比会看得更清楚。假设这个品牌，人们只在它低价、降价、促销时才有可能买它，平时是买其他品牌的，那么它自然不是品牌。不过是一个商标或知名商标而已。而那些长期由于它的低价而买它的消费者，不能算是把它当作品牌。因为一旦有同等质量的更便宜的品牌出现，他们一定会买这个新品牌的。

因此，人的内心、内心的体验和感受才是事实。我们在辩论、讨论、指出事实时，引导人们进入自己的内心去看问题。 这就是我们所说的在真理和善意之下的指出事实和辩论问题。

犹如我们不要争论温度高了或低了，而是问问"你现在觉着冷吗，"也不要再争论那个品牌是不是已经是真正的品牌了，而是问问自己去超市时是不是买它吧。

> 我们在辩论、讨论、指出事实时，引导人们进入自己的内心去看问题。

我们只是想说，别忘了常常进入自己的内心，别忘了去留意自己内心的感受、看法、感觉，不要长久地迷惑在外在事物里。这就如我们工作、挣钱、做企业，并不是为了工作、钱、企业本身，而是为了让我们生活得幸福。

我们不是经常会忘记这一点吗？然后，一不小心就忘记。

29. 别把自己看得太重

其实，医生的工作也类似于一种咨询顾问性质的工作，即他们都是可以给他人提供建议或解决方案的专业人士。假设将医生、IT 技术支持或专家、管理咨询顾问，看作是某种咨询性质的专业人士，现在要面对类似医闹这样的情况，或者说是困境、艰难。

随着计算机、互联网、电视、手机等的发达，以及教育水平的提高，人们在疾病与健康、计算机技术和管理营销等方面的知识也越来越丰富，甚至在有些领域，对于资深的消费者（包括病人）来说，很容易就能接近专业水平。这就意味着作为医生、IT 专家和咨询顾问等专业人士的权威性被削弱，甚至严重地被削弱。

人们就开始看到医生或 IT 专家、咨询顾问没有那么高深、神秘。甚至可以看出他们的错误、不专业、性格、品德等方面的缺陷，以及由于不认真、不负责出现的失误。但是，问题在于，大众并未立即就意识到这是因为他们的专业知识增加所致。

顾客（人们）没有意识到自己不仅不是上帝，其实是企业赚钱的工具。

接下来，大众另外一个没有意识到的隐藏着的错误观念是"顾客是上帝"。**这是企业为了利益而过度强调迎合顾客的畸形产物。**顾客（人们）没有意识到自己不仅不是上帝，**其实是企业赚钱的工具**。被捧成上帝，其实并不是真的被视为尊贵、高贵。但是，人们却在无意识、无知下被宠坏了，真的以上帝自居。

然后，针对问题，普通人已经有了自己的主见、主张、观点，又自视为"上帝"般的尊贵、被宠的地位，怎会没脾气，怎会不颐指气使呢？这就自然会导致诸如医闹这样的事情频发。

糟糕的是，从事咨询性质的专业人士恰恰需要人们的尊重，才能更好地发挥其作用。犹如一个被呼来喝去的老师又怎么能站在讲台上侃侃而谈呢？可是，道德、品德在这些行业里不被重视而没有什么美好可以彰显的情况下，专业人士也确实失去被人尊重的资格了。

因此，解开这个症结的方法只能是，专业人士不停地反思自己，大众反思自己的诸如"顾客是上帝"这样的错误观念。其实，**根本问题在于（包括专业人士和大众，因为专业人士也是大众的一员），幼稚、无知、肤浅的心智**。这是每个人反思的课题。因为错误的观念和专业领域忽略道德，本来就是无知、幼稚、肤浅导致的后果。

再继续深究，就是我们"把自己看得太重"，即太自我。**把自己看得太重，就相当于把别人看得太轻。**

病人把自己看得无比的重，就不自觉地把医生看作"仆人"、下属。

消费者把自己看得太重，就很容易上了"顾客是上帝"的当，然后骄横、

> 把自己看得太重，就相当于把别人看得太轻。

撒野式的投诉。

企业老板、经理把自己看得太重，就把咨询顾问看作向我"讨饭"吃的人。

我们就像是一个被娇宠、惯坏了的孩子。向世界撒着娇、耍着赖，哭闹着"你们必须要顺着我"。世界苦笑着。

最终，受害的、倒霉的、痛苦、苦难的又是谁呢？就是这些把自己看得无比重要的人。我们在互害。

我们就像是一个被娇宠、惯坏了的孩子。向世界撒着娇、耍着赖，哭闹着"你们必须要顺着我"。世界苦笑着。

30. 影响他人，来自于爱

如何才能真正地影响一个人？

不管是对孩子的教育，还是生活中将自己的看法、理念解释给他人听，或是试图指出对方观点的错误、局限，本质上都是在试图影响他人。那么，到底什么样的方式才能真正地影响到他人，让他人意识到你的观点、观念、建议的价值，或者他自己的观点的错误和局限呢？

假设我对我的建议、看法的正确性太肯定了，而且也确实正确，自己已经试验过多次了。可是，这个"肯定"就会带来障碍，即阻碍了他人的接受和理解。为什么这么说呢？

"肯定、坚信、确信"，对于被接受着的一方来说，意味着压力、压抑、自尊心受损、自我形象被贬低、被强迫感、对我的自信或自我感觉良好的反感，等等。在这样的心情、情绪、内心活动下，对方又怎么能顺畅地理解和接受呢？

因此，指出对方观点的错误、局限或阐述自己的观念时，越是在对自己的观点的正确性（对方观点的错误性）的确定的态度下，就越是不易被对方接受和理解。这就是说服与说服中的真相。

事实上，对方改变的瞬间往往是在你认真的、真心的倾听、理解他的观点的时刻。

就是这样的一种情景：在沟通交流中，先放下自己的观点，其实本就不应该事先抱着某个观点，而是保持在"完全接纳""想要去了解对方的观点"的状态，也就是没有抱着与对方不同的观点，也没有反驳对方观点的理由，仅仅就是想着全力地理解对方的观点。此刻，你的注意力，只有对方的观点。

这是全神贯注、关注。而关注，就是爱。

此刻，转变就会发生。

对方的内心是放松、轻松和愉快的，也许会心存一些感激，毕竟谁不愿意有个倾诉的好听众呢？在这种心情下，并在你的理性、深入的、来自针对问题本身的探索的引导中，他在某个时刻顿悟出自己的观点的问题、局限，而这才是这个人的真正转化、改变。

从根本上说，他的这个改变确实是受你影响的，但是，却又是他自己探索的结果。这才是给他人带来影响的最佳途径。还有什么比"润物细无声"更贴切的比喻呢？

当然，"润物细无声"意味着某种程度的牺牲。**因为对方**

因为对方的顿悟、改
变、提升、进步，也许
他自己也意识不到是在
你的引导下（因为也许
你只是一直在提问题）
而发生的改变。

的顿悟、改变、提升、进步，也许他自
己也意识不到是在你的引导下（因为也
许你只是一直在提问题）而发生的改
变。而牺牲，还是爱。

连这些都看不见，又怎么能看得进
去那些与自己对立的、争吵的观点呢？

31. 请挑战我的思考过程和论据

平时，我们工作中质疑不同的观点时，是质疑对方的逻
辑、数据、论据、经验、知识，还是将主要精力放在质疑他的
结论、观点上呢？多数情况下，我们是冲着对方的结论、观点
下手的。这是人的自然状态。

但是，**直接质疑对方的观点其实是
一种非常不好的习惯，也是不礼貌的
（甚至可以说是教养不够）、粗俗的、
浅薄的行为。**而且，会引起双方的争
执、争吵。尤其是在我们尚处在将"自
己"与自己的观点合一的意识状态中，
质疑对方的观点其实就等同于指责他这
个人。

直接质疑对方的观点
其实是一种非常不好
的习惯，也是不礼貌
的（甚至可以说是教
养不够）、粗俗的、浅
薄的行为。

这源自人的原始的"爱自己"的低级意识阶段。这与我
们不允许别人批评自己的孩子、说自己的孩子不好是完全一样

的。父母（尤其是母亲）把自己的"自我"转移到了孩子身上。孩子承载着她的"自我"。然后就把本来是"爱自己"的这个"爱"投射到爱自己的孩子身上了。

这个阶段的"爱自己"的"爱"是充满了血气的，表现为极端敏感的骄傲、自大。我们还未受到谦卑、人是渺小的等智慧的洗礼，使我们一直停留在这种幼稚的骄傲中。

这是我们每个人及后代不得不面对的问题。

在工作中，更聪明又友善、尊重的做法是质疑对方的逻辑、数据、论据、经验、知识等。即便我们做不到，但这是我们应该尽力学习的很美好的事物。

> 在工作中，更聪明又友善、尊重的做法是质疑对方的逻辑、数据、论据、经验、知识等。

让我们常常说："你为什么这么说呢？你的根据是什么呢？让我看看你的数据资料可以吗？"而不是说："我觉得你说的不对。""我不同意你的观点"。这是文明、有教养、深刻、喜爱真理的人的表现。

也让我们呼喊：千万别挑战我的观点，而是挑战我的思考过程和论据吧！

那么，你是友好的，我也是友好的。你别伤害我的内心，我也不伤害你的内心，而是给予你尊重、理解、宽容和爱。

我们就是在走向文明。

推荐作者得新书！

博瑞森征稿启事

亲爱的读者朋友：

感谢您选择了博瑞森图书！希望您手中的这本书能给您带来实实在在的帮助！

博瑞森一直致力于发掘好作者、好内容，希望能把您最需要的思想、方法，一字一句地交到您手中，成为管理知识与管理实践的桥梁。

但是我们也知道，有很多深入企业一线、经验丰富、乐于分享的优秀专家，或者忙于实战没时间，或者缺少专业的写作指导和便捷的出版途径，只能茫然以待……

还有很多在竞争大潮中坚守的企业，有着异常宝贵的实践经验和独特的洞察，但缺少专业的记录和整理者，无法让企业的经验和故事被更多的人了解、学习……

对读者而言，这些都太遗憾了！

博瑞森非常希望能将这些埋藏的"宝藏"发掘出来，贡献给广大读者，让更多的人从中受益。

所以，我们真心地邀请您，我们的老读者，帮我们搜寻：

推荐作者

可以是您自己或您的朋友，只要对本土管理有实践、有思考；可以是您通过网络、杂志、书籍或其他途径了解的某位专家，不管名气大小，只要他的思想和方法曾让您深受启发。

可以是管理类作品，也可以超出管理，各类优秀的社科作品或学术作品。

推荐企业

可以是您自己所在的企业，或者是您熟悉的某家企业，其创业过程、运营经历、产品研发、机制创新，等等。无论企业大小，只要乐于分享、有值得借鉴书写之处。

总之，好内容就是一切！

博瑞森绝非"自费出书"，出版费用完全由我们承担。您推荐的作者或企业案例一经采用，我们会立刻向您赠送书币1000元，可直接换取任何博瑞森图书的纸书或电子书。

感谢您对本土管理原创、博瑞森图书的支持！

推荐投稿邮箱：bookgood@126.com　　　推荐手机：13611149991

1120 本土管理实践与创新论坛

这是由 100 多位本土管理专家联合创立的企业管理实践学术交流组织，旨在孵化本土管理思想、促进企业管理实践、加强专家间交流与协作。

论坛每年集中力量办好两件大事：第一，**"出一本书"**，汇聚一年的思考和实践，把最原创、最前沿、最实战的内容集结成册，贡献给读者；第二，**"办一次会"**，每年 11 月 20 日本土管理专家们汇聚一堂，碰撞思想、研讨案例、交流切磋、回馈社会。

论坛理事名单（以年龄为序，以示传承之意）

徐伟泽　　潦　寒　　谭洪华　　崔自三　　王玉荣　　蒋　军　　侯军伟
黄润霖　　朱伟杰　　金国华　　吴　之　　葛新红　　周　剑　　崔海鹏
李治江　　陈海超　　柏　夔　　唐道明　　刘书生　　朱志明　　曲宗恺
杜　忠　　黄渊明　　王献永　　范月明　　吕　林　　刘文新　　赵晓萌
张　伟　　韩　旭　　韩友诚　　熊亚柱　　秦海林　　孙彩军　　刘　雷
贺小林　　王庆云　　黄　娜　　俞士耀　　田　军　　丁　昀　　张小峰
黄　磊　　罗晓慧　　赵海永　　伏泓霖　　任彭枞　　梁小平　　鄢圣安
马方旭　　乐　涛　　杨晓燕　　欧阳莉华　陈　慧　　张　璐

企业案例·老板传记

书名.作者	内容/特色	读者价值
你不知道的加多宝:原市场部高管讲述 曲宗恺 牛玮娜 著	前加多宝高管解读加多宝	全景式解读,原汁原味
借力咨询:德邦成长背后的秘密 官同良 王祥伍 著	讲述德邦是如何借助咨询公司的力量进行自身与发展的	来自德邦内部的第一线资料,真实、珍贵,令人受益匪浅
娃哈哈区域标杆:豫北市场营销实录 罗宏文 赵晓萌 等著	本书从区域的角度来写娃哈哈河南分公司豫北市场是怎么进行区域市场营销,成为娃哈哈全国第一大市场、全国增量第一高市场的一些操作方法	参考性、指导性,一线真实资料
六个核桃凭什么:从0过100亿 张学军 著	首部全面揭秘养元六个核桃裂变式成长的巨著	学习优秀企业的成长路径,了解其背后的理论体系
像六个核桃一样:打造畅销品的36个简明法则 王 超 范 萍 著	本书分上下两篇:包括"六个核桃"的营销战略历程和36条畅销法则	知名企业的战略历程极具参考价值,36法则提供操作方法
解决方案营销实战案例 刘祖轲 著	用10个真案例讲明白什么是工业品的解决方案式营销,实战、实用	有干货,真正操作过的才能写得出来
招招见销量的营销常识 刘文新 著	如何让每一个营销动作都直指销量	适合中小企业,看了就能用
我们的营销真案例 联纵智达研究院 著	五芳斋粽子从区域到全国/诺贝尔瓷砖门店销量提升/利豪家具出口转内销/汤臣倍健的营销模式	选择的案例都很有代表性,实在、实操!
中国营销战实录:令人拍案叫绝的营销真案例 联纵智达 著	51个案例,42家企业,38万字,18年,累计2000余人次参与……	最真实的营销案例,全是一线记录,开阔眼界
双剑破局:沈坤营销策划案例集 沈 坤 著	双剑公司多年来的精选案例解析集,阐述了项目策划中每一个营销策略的诞生过程,策划角度和方法	一线真实案例,与众不同的策划角度令人拍案叫绝、受益匪浅
宗:一位制造业企业家的思考 杨 涛 著	1993年创业,引领企业平稳发展20多年,分享独到的心得体会	难得的一本老板分享经验的书
简单思考:AMT咨询创始人自述 孔祥云 著	著名咨询公司(AMT)的CEO创业历程中点点滴滴的经验与思考	每一位咨询人,每一位创业者和管理经营者,都值得一读
边干边学做老板 黄中强 著	创业20多年的老板,有经验、能写、又愿意分享,这样的书很少	处处共鸣,帮助中小企业老板少走弯路
三四线城市超市如何快速成长:解密甘雨亭 IBMG国际商业管理集团 著	国内外标杆企业的经验+本土实践量化数据+操作步骤、方法	通俗易懂,行业经验丰富,宝贵的行业量化数据,关键思路和步骤
中国首家未来超市:解密安徽乐城 IBMG国际商业管理集团 著	本书深入挖掘了安徽乐城超市的试验案例,为零售企业未来的发展提供了一条可借鉴之路	通俗易懂,行业经验丰富,宝贵的行业量化数据,关键思路和步骤

互联网 +

	书名·作者	内容/特色	读者价值
互联网 +	新营销 刘春雄 著	新营销的新框架体系是场景是产品逻辑,IP 是品牌逻辑,社群是连接逻辑,传播是营销逻辑	助力品牌商实现由传统营销到新营销的理念和行动的跨越,助力企业打赢升级转型之仗
	企业微信营销全指导 孙 巍 著	专门给企业看到的微信营销书,手把手教企业从小白到微信营销专家	企业想学微信营销现在还不晚,两眼一抹黑也不怕,有这本书就够
	企业网络营销这样做才对:B2B 大宗 B2C 张 进 著	简单直白拿来就用,各种窍门信手拈来,企业网络营销不麻烦也不用再头疼,一般人不告诉他	B2B、大宗 B2C 企业有福了,看了就能学会网络营销
	互联网时代的银行转型 韩友诚 著	以大量案例形式为读者全面展示和分析了银行的互联网金融转型应对之道	结合本土银行转型发展案例的书籍
	正在发生的转型升级·实践 本土管理实践与创新论坛 著	企业在快速变革期所展现出的管理变革新成果、新方法、新案例	重点突出对于未来企业管理相关领域的趋势研判
	触发需求:互联网新营销样本·水产 何足奇 著	传统产业都在苦闷中挣扎前行,本书通过鲜活的案例告诉你如何以需求链整合供应链,从而把大家熟知的传统行业打碎了重构、重做一遍	全是干货,值得细读学习,并且作者的理论已经经过了他亲自操刀的实践检验,效果惊人,就在书中全景展示
	移动互联新玩法:未来商业的格局和趋势 史贤龙 著	传统商业、电商、移动互联,三个世界并存,这种新格局的玩法一定要懂	看清热点的本质,把握行业先机,一本书搞定移动互联网
	微商生意经:真实再现 33 个成功案例操作全程 伏泓霖 罗晓慧 著	本书为 33 个真实案例,分享案例主人公在做微商过程中的经验教训	案例真实,有借鉴意义
	阿里巴巴实战运营——14 招玩转诚信通 聂志新 著	本书主要介绍阿里巴巴诚信通的十四个基本推广操作,从而帮助使用诚信通的用户及企业更好地提升业绩	基本操作,很多可以边学边用,简单易学
	阿里巴巴实战运营 2:诚信通热卖技巧 聂嵘海 著	诚信通 TOP 商家赚钱的密码箱,手把手教你操作,拿来就用	图文并茂,内容齐全,直接可以对照使用
	抖音营销如何做:未来抖商 刘大贺 著	解密从 0 到 1 亿粉丝的实操路径,深度剖析抖音营销全系统策略	企业做抖音营销的第一书
	微商团队长:从入门到精通 罗品牌 著	由浅入深,涵盖微商团队长必学技能的方方面面	只要照着做,就能当好微商团队长
	互联网精准营销 蒋 军 著	怎么在互联网时代整体策划、包装品牌和产品,并在此基础上为企业设计商业模式,技术实现并运营落地	为有基础的小微企业(大企业的新项目)1 年实现销售额过亿,2 年对接资本,3 年左右准 IPO
	今后这样做品牌:移动互联时代的品牌营销策略 蒋 军 著	与移动互联紧密结合,告诉你老方法还能不能用,新方法怎么用	今后这样品牌就对了

	书名·作者	内容/特色	读者价值
互联网+	互联网+"变"与"不变":本土管理实践与创新论坛集萃·2016 本土管理实践与创新论坛 著	本土管理领域正在产生自己独特的理论和模式,尤其在移动互联时代,有很多新课题需要本土专家们一起研究	帮助读者拓宽眼界、突破思维
	创造增量市场:传统企业互联网转型之道 刘红明 著	传统企业需要用互联网思维去创造增量,而不是用电子商务去转移传统业务的存量	教你怎么在"互联网+"的海洋中创造实实在在的增量
	重生战略:移动互联网和大数据时代的转型法则 沈拓 著	在移动互联网和大数据时代,传统企业转型如同生命体打算与再造,称之为"重生战略"	帮助企业认清移动互联网环境下的变化和应对之道
	画出公司的互联网进化路线图:用互联网思维重塑产品、客户和价值 李蓓 著	18个问题帮助企业一步步梳理出互联网转型思路	思路清晰、案例丰富,非常有启发性
	7个转变,让公司3年胜出 李蓓 著	消费者主权时代,企业该怎么办	这就是互联网思维,老板有能这样想,肯定倒不了
	跳出同质思维,从跟随到领先 郭剑 著	66个精彩案例剖析,帮助老板突破行业长期思维惯性	做企业竟然有这么多玩法,开眼界

行业类:零售、白酒、食品/快消品、农业、医药、建材家居等

	书名·作者	内容/特色	读者价值
零售·超市·餐饮·服装	总部有多强大,门店就能走多远 IBMG国际商业管理集团 著	如何把总部做强,成为门店的坚实后盾	了解总部建设的方法与经验
	超市卖场定价策略与品类管理 IBMG国际商业管理集团 著	超市定价策略与品类管理实操案例和方法	拿来就能用的理论和工具
	连锁零售企业招聘与培训破解之道 IBMG国际商业管理集团 著	围绕零售企业组织架构、培训体系等内容进行深刻探讨	破解人才发现和培养瓶颈的关键点
	中国首家未来超市:解密安徽乐城 IBMG国际商业管理集团 著	介绍了乐城作为中国首家未来超市从无到有的传奇经历	了解新型零售超市的运作方式及管理特色
	三四线城市超市如何快速成长:解密甘雨亭 IBMG国际商业管理集团 著	揭秘一家三四线连锁超市的经验策略	不但可以欣赏它的优点,而且可以学会它成功的方法
	新零售 新终端 迪智成咨询团队 著	梳理和提炼新零售的系统打法,将之落地在新终端建设上	让新零售这一看似形而上的商业概念有了可以落地的立足点
	新零售动作分解:建材 家居 家具 盛斌子 著	第一本锁定在家居建材、家电、家装等耐用消费品领域谈新零售的书	第一本谈新零售的具体动作、策略、方法、招术的书,拿来就用
	新零售进化趋势与未来格局 李政权 著	通过业态、品类、体验、场景等,逐一呈现新零售的未来进化	就新零售未来的发展方向与进化趋势给出一个确定性的未来
	涨价也能卖到翻 村松达夫【日】	提升客单价的15种实用、有效的方法	日本企业在这方面非常值得学习和借鉴
	移动互联下的超市升级 联商网专栏频道 著	深度解析超市转型升级重点	帮助零售企业把握全局、看清方向

零售·超市·餐饮·服装	手把手教你做专业督导:专卖店、连锁店 熊亚柱 著	从督导的职能、作用,在工作中需要的专业技能、方法,都提供了详细的解读和训练办法,同时附有大量的表单工具	无论是店销需要统一培训,还是个人想成为优秀的督导,有这一本就够了
	百货零售全渠道营销策略 陈继展 著	没有照本宣科、说教式的絮叨,只有笔者对行业的认知与理解,庖丁解牛式的逐项解析、展开	通俗易懂,花极少的时间快速掌握该领域的知识及趋势
	零售:把客流变成购买力 丁 昀 著	如何通过不断升级产品和体验式服务来经营客流	如何进行体验营销,国外的好经营,这方面有启发
	餐饮企业经营策略第一书 吴 坚 著	分别从产品、顾客、市场、盈利模式等几个方面,对现阶段餐饮企业的发展提出策略和思路	第一本专业的、高端的餐饮企业经营指导书
	餐饮新营销 杨 勇 程绍珊 著	在新环境下,对餐饮营销管理进行了全面深入的解读,提供了方式方法	全面性、系统性,区别于市面上的纯操作类作品
	电影院的下一个黄金十年:开发·差异化·案例 李保煜 著	对目前电影院市场存大的问题及如何解决进行了探讨与解读	多角度了解电影院运营方式及代表性案例
	赚不赚钱靠店长:从懂管理到会经营 孙彩军 著	通过生动的案例来进行剖析,注重门店管理细节方面的能力提升	帮助终端门店店长在管理门店的过程中实现经营思路的拓展与突破
耐消品	商用车经销商运营实战 杜建君 王朝阳 章晓青 等著	从管理到经营,从销售到服务,系统化运作全指导	为经销商经营开阔思路,掌握方法
	汽车配件这样卖:汽车后市场销售秘诀100条 俞士耀 著	汽配销售业务员必读,手把手教授最实用的方法,轻松得来好业绩	快速上岗,专业实效,业绩无忧
	润滑油销售:这样说这样做更有效 张金荣 著	针对渠道、经销商、终端的超实用话术	上车看,下车用,3分钟就能学会。
	新经销:新零售时代,教你做大商 黄润霖 著	从选址、产品、促销、团队、规模阐述新经销变与不变的市场手法和操作思路	实地拜访近100位经销商在传统营销手法上的创新、新营销工具的发现
	珠宝黄金新营销 崔德乾 著	营销、品牌、产品、连接、场景、社群、服务、传播、管理及产业价值链	新营销在珠宝行业的实战应用,业内必备第一书
	跟行业老手学经销商开发与管理:家电、耐消品、建材家居 黄润霖 著	全部来源于经销商管理的一线问题,作者用丰富的经验将每一个问题落实到最便捷快速的操作方法上去	书中每一个问题都是普通营销人亲口提出的,这些问题你也会遇到,作者进行的解答则精彩实用
白酒	酒水饮料快消品餐饮渠道营销手册 朱伟杰 著	主要针对快消品(酒水、饮料)的餐饮渠道,提供了区域、商圈、不同业态的规划和促销安排等多种工具,并提出了经销商、批发商等相关人员的管理方法	一本酒水饮料如何在餐饮渠道销售的全能手册,内容深入翔实,可以直接照搬套用,这样的便利简直千金不换
	白酒到底如何卖 赵海永 著	以市场实战为主,多层次、全方位、多角度地阐释了白酒一线市场操作的最新模式和方法,接地气	实操性强,37个方法、6大案例帮你成功卖酒
	变局下的白酒企业重构 杨永华 著	帮助白酒企业从产业视角看清趋势,找准位置,实现弯道超车的书	行业内企业要减少90%,自己在什么位置,怎么做,都清楚了

白酒	**1. 白酒营销的第一本书（升级版）** **2. 白酒经销商的第一本书** 唐江华　著	华泽集团湖南开口笑公司品牌部长，擅长酒类新品推广、新市场拓展	扎根一线，实战
	区域型白酒企业营销必胜法则 朱志明　著	为区域型白酒企业提供35条必胜法则，在竞争中赢销的葵花宝典	丰富的一线经验和深厚积累，实操实用
	10步成功运作白酒区域市场 朱志明　著	白酒区域操盘者必备，掌握区域市场运作的战略、战术、兵法	在区域市场的攻伐防守中运筹帷幄，立于不败之地
	酒业转型大时代：微酒精选2014－2015 微酒　主编	本书分为五个部分：当年大事件、那些酒业营销工具、微酒独立策划、业内大调查和十大经典案例	了解行业新动态、新观点，学习营销方法
快消品·食品	**中国快消品营销的这些年** 史贤龙　著	作者精华文章的合集，一本书浓缩了过去十五年，中国营销的实战历程与前沿思考	快消品营销行业的案例和方法都原汁原味呈现，在反映当时风貌的同时，展望与反思
	营销中国茶：2小时读懂茶叶营销 史贤龙　著	从不同视角对中国的茶营销进行了思考，内容涉及中国茶产业战略困境、茶企规模化、茶品牌崛起、茶文化、茶营销、茶消费、茶零售、茶道等	内容丰富扎实，文字流畅，浓缩的都是精华，让你2小时读懂茶叶营销
	这样打造快消品标杆市场 罗宏文　著	帮助你解决如何成功打造标杆市场和进行持续增量管理两大问题	一套系统的方法论，通俗易懂，可以直接套用
	5小时读懂快消品营销：中国快消品案例观察 陈海超　著	多年营销经验的一线老手把案例掰开了、揉碎了，从中得出的各种手段和方法给读者以帮助和启发	营销那些事儿的个中秘辛，求人还不一定告诉你，这本书里就有
	快消品招商的第一本书：从入门到精通 刘雷　著	深入浅出，不说废话，有工具方法，通俗易懂	让零基础的招商新人快速学习书中最实用的招商技能，成长为骨干人才
	乳业营销第一书 侯军伟　著	对区域乳品企业生存发展关键性问题的梳理	唯一的区域乳业营销书，区域乳品企业一定要看
	金龙鱼背后的粮油帝国 余盛　著	讲述金龙鱼品牌及母公司丰益国际的商业冒险故事	在精彩的阅读体验中学到营销管理的方法
	食用油营销第一书 余盛　著	10多年油脂企业工作经验，从行业到具体实操	食用油行业第一书，当之无愧
	中国茶叶营销第一书 柏龑　著	如何跳出茶行业"大文化小产业"的困境，作者给出了自己的观察和思考	不是传统做茶的思路，而是现在商业做茶的思路
	调味品企业八大必胜法则 张戟　著	八大规律性的关键成功要素，背后都有本土调味品企业的成功实践	"观点阐述＋案例描述"，行业必读
	调味品营销第一书 陈小龙　著	国内唯一一本调味品营销的书	唯一的调味品营销的书，调味品的从业者一定要看
	快消品营销人的第一本书：从入门到精通 刘雷　伯建新　著	快消行业必读书，从入门到专业	深入细致，易学易懂

快消品·食品	变局下的快消品营销实战策略 杨永华 著	通胀了,成本增加,如何从被动应战变成主动的"系统战"	作者对快消品行业非常熟悉、非常实战
	快消品经销商如何快速做大 杨永华 著	本书完全从实战的角度,评述现象,解析误区,揭示原理,传授方法	为转型期的经销商提供了解决思路,指出了发展方向
	快消品营销:一位销售经理的工作心得2 蒋军 著	快消品、食品饮料营销的经验之谈,重点图书	来源与实战的精华总结
	快消品营销与渠道管理 谭长春 著	将快消品标杆企业渠道管理的经验和方法分享出来	可口可乐、华润的一些具体的渠道管理经验,实战
	成为优秀的快消品区域经理(升级版) 伯建新 著	用"怎么办"分析区域经理的工作关键点,增加30%全新内容,更贴近环境变化	可以作为区域经理的"速成催化器"
	销售轨迹:一位快消品营销总监的拼搏之路 秦国伟 著	本书讲述了一个普通销售员打拼成为跨国企业营销总监的真实奋斗历程	激励人心,给广大销售员以力量和鼓舞
	快消老手都在这样做:区域经理操盘锦囊 方刚 著	非常接地气,全是多年沉淀下来的干货,丰富的一线经验和实操方法不可多得	在市场摸爬滚打的"老油条",那些独家绝招妙招一般你都是问不来的
	动销四维:全程辅导与新品上市 高继中 著	从产品、渠道、促销和新品上市详细讲解提高动销的具体方法,总结作者18年的快消品行业经验,方法实操	内容全面系统,方法实操
农业	饲料营销有方法:策略 案例 工具 陈石平 著	跳出饲料看饲料,根据饲料营销的关键成功要素(KSF)提出7大核心命题	紧跟畜牧产业发展大势,提高饲料企业营销竞争力
	新农资如何换道超车 刘祖轲 等著	从农业产业化、互联网转型、行业营销与经营突破四个方面阐述如何让农资企业占领先机、提前布局	南方略专家告诉你如何应对资源浪费、生产效率低下、产能严重过剩、价格与价值严重扭曲等
	中国牧场管理实战:畜牧业、乳业必读 黄剑黎 著	本书不仅提供了来自一线的实际经验,还收入了丰富的工具文档与表单	填补空白的行业必读作品
	中小农业企业品牌战法 韩旭 著	将中小农业企业品牌建设的方法,从理论讲到实践,具有指导性	全面把握品牌规划,传播推广,落地执行的具体措施
	农资营销实战全指导 张博 著	农资如何向"深度营销"转型,从理论到实践进行系统剖析,经验资深	朴实、使用!不可多得的农资营销实战指导
	农产品营销第一书 胡浪球 著	从农业企业战略到市场开拓、营销、品牌、模式等	来源于实践中的思考,有启发
	变局下的农牧企业9大成长策略 彭志雄 著	食品安全、纵向延伸、横向联合、品牌建设……	唯一的农牧企业经营实操的书,农牧企业一定要看
医药	在中国,医药营销这样做:时代方略精选文集 段继东 主编	专注于医药营销咨询15年,将医药营销方法的精华文章合编,深入全面	可谓医药营销领域的顶尖著作,医药界读者的必读书
	医药新营销:制药企业、医药商业企业营销模式转型 史立臣 著	医药生产企业和商业企业在新环境下如何做营销?老方法还有没有用?如何寻找新方法?新方法怎么用?本书给你答案	内容非常现实接地气,踏实谈问题说方法

	医药企业转型升级战略 史立臣 著	药企转型升级有 5 大途径,并给出落地步骤及风险控制方法	实操性强,有作者个人经验总结及分析
医药	新医改下的医药营销与团队管理 史立臣 著	探讨新医改对医药行业的系列影响和医药团队管理	帮助理清思路,有一个框架
	医药营销与处方药学术推广 马宝琳 著	如何用医学策划把"平民产品"变成"明星产品"	有真货、讲真话的作者,堪称处方药营销的经典!
	医药行业大洗牌与药企创新 林延君 沈斌 著	一方面,围绕着变革,多角度阐述药企的应对之道;另一方面,紧扣实践,介绍近百家医药企业创新实践案例	医改变革 10 年,医药企业如何应对大洗牌?重磅出击的药企人必读书
	新医改了,药店就要这样开 尚锋 著	药店经营、管理、营销全攻略	有很强的实战性和可操作性
	电商来了,实体药店如何突围 尚锋 著	电商崛起,药店该如何突围?本书从促销、会员服务、专业性、客单价等多重角度给出了指导方向	实战攻略,拿来就能用
	OTC 医药代表药店销售 36 计 鄢圣安 著	以《三十六计》为线,写 OTC 医药代表向药店销售的一些技巧与策略	案例丰富,生动真实,实操性强
	OTC 医药代表药店开发与维护 鄢圣安 著	要做到一名专业的医药代表,需要做什么、准备什么、知识储备、操作技巧等	医药代表药店拜访的指导手册,手把手教你快速上手
	引爆药店成交率1:店员导购实战 范月明 著	一本书解决药店导购所有难题	情景化、真实化、实战化
	引爆药店成交率2:经营落地实战 范月明 著	最接地气的经营方法全指导	揭示了药店经营的几类关键问题
	引爆药店成交率:专业化销售解决方案 范月明 著	药品搭配分析与关联销售	为药店人专业化助力
	处方药合规推广实战宝典 赵佳震 著	推广体系搭建、推广人员岗位工作内容、推广服务外包商管理等六个方面	解决"医药代表转型"和"推广服务外包商管理"的困惑
	医药代理商实操全指导:新环境 新战法 戴文杰 著	结合医药市场政策环境解读新环境下医药招商的战法,着重分析药品产业链的盈利机会	医药销售业务人员的必备读物
	攻略基层诊所:医药营销这样做 张江民 著	对基层诊所的开发、维护和动销,拿来就用的方式方法	实战是本书的主旨,只要用心去看,就能在基层诊所市场中运用
	互联网医药的未来 动脉网 编著	介绍了互联网医药发展的现状与趋势	帮助创业者和投资人看清未来,把握当下
	处方药零售这样做 田军 著	阐述了处方药零售的重要性,以及做处方药零售市场的具体措施和方法	系统性了解和掌握处方药零售方法
建材家居	成为最赚钱的家具建材经销商 李治江 著	从销售模式、产品、门店等老板们最关注和最需要的方面解决问题、提供方法	只要你是建材、家具、家居用品的经销商老板,这就是一本必读的书
	定制家居黄金十年 韩锋 翁长华 著	梳理了定制家居的商业模式和发展情况	帮助定制家居看清方向,把握当下
	家具建材促销与引流 薛亮 李永峰 著	十大促销模式的详细方法和工具	让你天天签大单

建材家居	家具行业操盘手 王献永 著	家具行业问题的终结者	解决了干家具还有没有前途？为什么同城多店的家具经销商很难做大做强等问题
	建材家居营销：除了促销还能做什么 孙嘉晖 著	一线老手的深度思考，告诉你在建材家居营销模式基本停滞的今天，除了促销，营销还能怎么做	给你的想法一场革命
	建材家居营销实务 程绍珊 杨鸿贵 主编	价值营销运用到建材家居，每一步都让客户增值	有自己的系统、实战
	家居建材门店6力爆破 贾同领 著	合盘道出一线品牌销量秘籍	6力招招见血，既有招数，又有策略
	建材家居门店销量提升 贾同领 著	店面选址、广告投放、推广助销、空间布局、生动展示、店面运营等	门店销量提升是一个系统工程，非常系统、实战
	10步成为最棒的建材家居门店店长 徐伟泽 著	实际方法易学易用，让员工能够迅速成长，成为独当一面的好店长	只要坚持这样干，一定能成为好店长
	手把手帮建材家居导购业绩倍增：成为顶尖的门店店员 熊亚柱 著	生动的表现形式，让普通人也能成为优秀的导购员，让门店业绩长红	读着有趣，用着简单，一本在手，业绩无忧
	建材家居经销商实战42章经 王庆云 著	告诉经销商：老板怎么当、团队怎么带、生意怎么做	忠言逆耳，看着不舒服就对了，实战总结，用一招半式就值了
工业品	销售是门专业活：B2B、工业品 陆和平 著	销售流程就应该跟着客户的采购流程和关注点的变化向前推进，将一个完整的销售过程分成十个阶段，提供具体方法	销售不是请客吃饭拉关系，是个专业的活计！方法在手，走遍天下不悉
	解决方案营销实战案例 刘祖轲 著	用10个真案例讲明白什么是工业品的解决方案式营销，实战、实用	有干货，真正操作过的才能写得出来
	变局下的工业品企业7大机遇 叶敦明 著	产业链条的整合机会、盈利模式的复制机会、营销红利的机会、工业服务商转型机会……	工业品企业还可以这样做，思维大突破
	工业品市场部实战全指导 杜忠 著	工业品市场部经理工作内容全指导	系统、全面、有理论、有方法，帮助工业品市场部经理更快提升专业能力
	工业品营销管理实务 李洪道 著	中国特色工业品营销体系的全面深化、工业营销管理体系优化升级	工具更实战，案例更鲜活，内容更深化
	工业品企业如何做品牌 张东利 著	为工业品企业提供最全面的品牌建设思路	有策略、有方法、有思路、有工具
	丁兴良讲工业4.0 丁兴良 著	没有枯燥的理论和说教，用朴实直白的语言告诉你工业4.0的全貌	工业4.0是什么？本书告诉你答案
	资深大客户经理：策略准，执行狠 叶敦明 著	从业务开发、发起攻势、关系培育、职业成长四个方面，详述了大客户营销的精髓	满满的全是干货
	两化融合管理系统贯标流程与方法 戴勇 张华杰 张百荣 编著	全面梳理贯标流程和方法	帮助企业成功贯标

	书名·作者	内容/特色	读者价值
工业品	**一切为了订单:订单驱动下的工业品营销实战** 唐道明 著	其实,所有的企业都在围绕着两个字在开展全部的经营和管理工作,那就是"订单"	开发订单、满足订单、扩大订单。本书全是实操方法,字字珠玑、句句干货,教你获得营销的胜利
金融	**交易心理分析** (美)马克·道格拉斯 著 刘真如 译	作者一语道破赢家的思考方式,并提供了具体的训练方法	不愧是投资心理的第一书,绝对经典
	精品银行管理之道 崔海鹏 何屹 主编	中小银行转型的实战经验总结	中小银行的教材很多,实战类的书很少,可以看看
	支付战争 Eric M. Jackson 著 徐彬 王晓 译	PayPal 创业期营销官,亲身讲述 PayPal 从诞生到壮大到成功出售的整个历史	激烈、有趣的内幕商战故事!了解美国支付市场的风云巨变
	中外并购名著专业阅读指南 叶兴平 等著	在 5000 多本并购类图书中精选的 200 著作,在阅读的基础上写的读书评价	精挑细选 200 本并一一评价,省去读者挑选的烦恼,快捷、高效
	新三板信息披露全流程:操作与工具 和珩科技 著	详细拆解董秘日常工作过程中所需的信息披露流程	董秘案头必备用书
	成功并购 300 本:一本书搞定并购难题 浩德军师并购联盟 著	从财务,税务,法律等角度详细解答疑问	能解决 80% 的并购问题
	互联网时代的银行转型 韩友诚 著	以大量案例形式为读者全面展示和分析了银行的互联网金融转型应对之道	结合本土银行转型发展案例的书籍
房地产	**产业园区/产业地产规划、招商、运营实战** 阎立忠 著	目前中国第一本系统解读产业园区和产业地产建设运营的实战宝典	从认知、策划、招商到运营全面了解地产策划
	人文商业地产策划 戴欣明 著	城市与商业地产战略定位的关键是不可复制性,要发现独一无二的"味道"	突破千城一面的策划困局
	中国城市群房地产投资策略 吕俊博 著	全方位、多角度分析城市群房地产现状是趋势	让亿元资产投资更理性、更安全
	电影院的下一个黄金十年:开发·差异化·案例 李保煜 著	对目前电影院市场存大的问题及如何解决进行了探讨与解读	多角度了解电影院运营方式及代表性案例
能源	**全能型班组:城市能源互联网与电力班组升级** 国网天津市电力公司 编著	借鉴国内外优秀企业的转型升级思路,通过对于新型班组组织模式和运行机制的大胆设想,力图构建充分适应内外环境变化的全能型班组	看看庞大的国企在新环境下是如何顺应时代的
	国网天津电力全能型班组建设实务 国网天津市电力公司 编著	本书聚焦于天津电力公司在探索全能型班组转型升级时的优秀实践	电力行业的班组实践,具体、可操作性强

经营类:企业如何赚钱,如何抓机会,如何突破,如何"开源"

	书名·作者	内容/特色	读者价值
抓方向	**让经营回归简单·升级版** 宋新宇 著	化繁为简抓住经营本质:战略、客户、产品、员工、成长	经典,做企业就这几个关键点!

抓方向	混沌与秩序Ⅰ：变革时代企业领先之道 混沌与秩序Ⅱ：变革时代管理新思维 彭剑锋　尚艳玲　主编	汇集华夏基石专家团队10年来研究成果，集中选择了其中的精华文章编纂成册	作者都是既有深厚理论积淀又有实践经验的重磅专家，为中国企业和企业家的未来提出了高屋建瓴的观点
	活系统：跟任正非学当老板 孙行健　尹贤　著	以任正非的独到视角，教企业老板如何经营公司	看透公司经营本质，激活企业活力
	重构：快消品企业重生之道 杨永华　著	从7个角度，帮助企业实现系统性的改造	提供转型思想与方法，值得参考
	公司由小到大要过哪些坎 卢强　著	老板手里的一张"企业成长路线图"	现在我在哪儿，未来还要走哪些路，都清楚了
	企业二次创业成功路线图 夏惊鸣　著	企业曾经抓住机会成功了，但下一步该怎么办？	企业怎样获得第二次成功，心里有个大框架了
	老板经理人双赢之道 陈明　著	经理人怎养选平台、怎么开局，老板怎样选/育/用/留	老板生闷气，经理人牢骚大，这次知道该怎么办了
	简单思考：AMT咨询创始人自述 孔祥云　著	著名咨询公司（AMT）的CEO创业历程中点点滴滴的经验与思考	每一位咨询人，每一位创业者和管理经营者，都值得一读
	企业文化的逻辑 王祥伍　黄健江　著	为什么企业绩效如此不同，解开绩效背后的文化密码	少有的深刻，有品质，读起来很流畅
	使命驱动企业成长 高可为　著	钱能让一个人今天努力，使命能让一群人长期努力	对于想做事业的人，'使命'是绕不过去的
思维突破	盈利原本就这么简单 高可为　著	从财务的角度揭示企业盈利的秘密	多方面解读商业模式与盈利的关系，通俗易懂，受益匪浅
	经营：打造你的盈利系统 高可为　著	从盈利角度梳理了系统化的经营方式	让企业掌舵者把控经营全局
	创模式：23个行业创新案例 段传敏　著	23位行业精英的创新对话	创业者、转型者的实战参考
	企业良性成长：用顶层设计突破瓶颈 刘建兆　著	全方位介绍企业顶层设计的方法和思路	帮助企业用顶层设计突破成长瓶颈
	移动互联新玩法：未来商业的格局和趋势 史贤龙　著	传统商业、电商、移动互联，三个世界一定共存，这种新格局的玩法一定要懂	看清热点的本质，把握行业先机，一本书搞定移动互联网
	画出公司的互联网进化路线图：用互联网思维重塑产品、客户和价值 李蓓　著	18个问题帮助企业一步步梳理出互联网转型思路	思路清晰、案例丰富，非常有启发性
	重生战略：移动互联网和大数据时代的转型法则 沈拓　著	在移动互联网和大数据时代，传统企业转型如同生命体打算与再造，称之为"重生战略"	帮助企业认清移动互联网环境下的变化和应对之道
	创造增量市场：传统企业互联网转型之道 刘红明　著	传统企业需要用互联网思维去创造增量，而不是用电子商务去转移传统业务的存量	教你怎么在"互联网＋"的海洋中创造实实在在的增量

	书名．作者	内容/特色	读者价值
思维突破	**7个转变,让公司3年胜出** 李 蓓 著	消费者主权时代,企业该怎么办	这就是互联网思维,老板有能这样想,肯定倒不了
	跳出同质思维,从跟随到领先 郭 剑 著	66个精彩案例剖析,帮助老板突破行业长期思维惯性	做企业竟然有这么多玩法,开眼界
	互联网+"变"与"不变":本土管理实践与创新论坛集萃·2016 本土管理实践与创新论坛 著	加速本土管理思想的孕育诞生,促进本土管理创新成果更好地服务企业、贡献社会	各个作者本年度最新思想,帮助读者拓宽眼界、突破思维
	消费升级:实践 研究(文集) 本土管理实践与创新论坛 著	38位管理专家及7位学者的精华思想,从经营、管理、行业及思想研究四个方面阐述中国企业在消费升级下的实践与研究	思想启发,行业借鉴
财务	**写给企业家的公司与家庭财务规划——从创业成功到富足退休** 周荣辉 著	本书以企业的发展周期为主线,写各阶段企业与企业主家庭的财务规划	为读者处理人生各阶段企业与家庭的财务问题提供建议及方法,让家庭成员真正享受财富带来的益处
	互联网时代的成本观 程 翔 著	本书结合互联网时代提出了成本的多维观,揭示了多维组合成本的互联网精神和大数据特征,论述了其产生背景、实现思路和应用价值	在传统成本观下为盈利的业务,在新环境下也许就成为亏损业务。帮助管理者从新的角度来看待成本,进一步做好精益管理
	财报背后的投资机会 蒋 豹 著	以具体的公司案例分析,教你迅速看出财务报表与企业经营的关系、所反映的企业经营现状,从而找到投资机会	前四大会计所员工为读者解密财报,发现投资机会

管理类:效率如何提升,如何实现经营目标,如何"节流"

	书名．作者	内容/特色	读者价值
通用管理	**让管理回归简单·升级版** 宋新宇 著	从目标、组织、决策、授权、人才和老板自己层面教你怎样管理	帮助管理抓住管理的要害,让管理变得简单
	让经营回归简单·升级版 宋新宇 著	从战略、客户、产品、员工、成长、经营者自身等七个方面,归纳总结简单有效的经营法则	总结出的真正优秀企业的成功之道:简单
	让用人回归简单 宋新宇 著	从用人的原则、用人的难题与误区、用人的方法和用人者的修炼四大方面,总结出适合中小企业做好人才管理工作的法则	帮助管理者抓住用人的要害,让用人变得简单
	历史深处的管理智慧1:组织建设与用人之道 刘文瑞 著	对历史之典故、政事、人事、政制进行管理解析,鉴照企业人才的选用育留	推动理论与实践的对接,实现理性与情感的渗透,用中国话语说明管理智慧
	历史深处的管理智慧2:战略决策与经营运作 刘文瑞 著	对历史之典故、政事、人事、政制进行管理解析,鉴照企业战略设计与经营实践	推动理论与实践的对接,实现理性与情感的渗透,用中国话语说明管理智慧
	历史深处的管理智慧3:领导修炼与文化素养 刘文瑞 著	对历史之典故、政事、人事、政制进行管理解析,鉴照企业领导职业能力提升与文化修养	推动理论与实践的对接,实现理性与情感的渗透,用中国话语说明管理智慧

通用管理	管理的尺度 刘文瑞 著	对管理中的种种普遍性问题进行了批评	提高把握管理尺度的能力
	管理学在中国 刘文瑞 著	系统性介绍了管理学在中国的发展和演变	了解管理学在中国的发展脉络,更清晰理解管理学的本质
	看电影,懂管理 刘文瑞 著	16 部经典电影,带你感悟管理智慧	能够帮助读者放松身心,驰骋想象,在不知不觉中增长智慧
	管理:以规则驾驭人性 王春强 著	详细解读企业规则的制定方法	从人与人博弈角度提升管理的有效性
	打造集成供应链:走出挂一漏十的改善困境 王春强 著	详解集成供应链全过程	帮助企业优化供应链管理
	用好骨干员工:关键人才培养与激励 王 敏 著	系统化分享关键人才打造与激励方法	企业能实在用人的最大化价值
	改变世界的管理学大师 1:管理学的前世今生 刘文瑞 编著	介绍了古典管理学时期的大师事迹和思想	深入了解管理大师们的思想和智慧
	成为企业欢迎的咨询师 张国祥 著	从调研到落地,手把手教你咨询流程	不走弯路,方便直接的学到老咨询师的套路
	员工心理学超级漫画版 邢 雷 著	以漫画的形式深度剖析员工心理	帮助管理者更了解员工,从而更轻松地管理员工
	老板有想法,高层有干法:企业中的将帅之道 王清华 著	深入剖析老板与高管的异同	各司其职,各行其是,相辅相成
	分股合心:股权激励这样做 段磊 周剑 著	通过丰富的案例,详细介绍了股权激励的知识和实行方法	内容丰富全面、易读易懂,了解股权激励,有这一本就够了
	边干边学做老板 黄中强 著	创业 20 多年的老板,有经验、能写、又愿意分享,这样的书很少	处处共鸣,帮助中小企业老板少走弯路
	成为敏感而体贴的公司 王 涛 著	本书为作者对企业的观察和冥想的随笔记录。从生活中的一个现象入手,进而探索现象背后的本质	从全新角度认识公司
	中国企业的觉醒:正直　善良　成长 王 涛 著	围绕着企业人如何发生转化展开,对中国人、中国文化及由此导致的企业现状的观察和思考	企业除了要利润,还需要道德
	有意识的思考:轻松化解问题的 7 个思考习惯 王 涛 著	本书是对思想、思考过程、思考方式进行的细致观察	养成好的思考习惯,更深刻地看问题
	中国式阿米巴落地实践之从交付到交易 胡八一 著	本书主要讲述阿米巴经营会计,"从交付到交易",这是成功实施了阿米巴的标志	阿米巴经营会计的工作是有逻辑关联的,一本书就能搞定
	中国式阿米巴落地实践之激活组织 胡八一 著	重点讲解如何科学划分阿米巴单元,阐述划分的实操要领、思路、方法、技术与工具	最大限度减少"推行风险"和"摸索成本",利于公司成功搭建适合自身的个性化阿米巴经营体系

通用管理	中国式阿米巴落地实践之持续盈利 胡八一 著	把企业做成平台,企业才能做大(格局);把平台做成阿米巴,企业才能做强(专业);把阿米巴做成合伙制,企业才能做久(机制)	中国式阿米巴落地实践三部曲的最后一部,告诉你企业如何做大做强做久
	集团化企业阿米巴实战案例 初勇钢 著	一家集团化企业阿米巴实施案例	指导集团化企业系统实施阿米巴
	阿米巴经营的中国模式 李志华 著	让员工从"要我干"到"我要干",价值量化出来	阿米巴在企业如何落地,明白思路了
	欧博心法:好管理靠修行 曾伟 著	用佛家的智慧,深刻剖析管理问题,见解独到	如果真的有'中国式管理',曾老师是其中标志性人物
	领导这样点燃你的下属 孟广桥 著	领导者如何才能让员工积极主动地工作? 如何让你的员工和下属保持工作的热情,自动自发? 看了这本书就知道	只要你希望手下的"兵将"永远充满工作的斗志,这本书将使你获益良多
流程管理	1. 用流程解放管理者 2. 用流程解放管理者2 张国祥 著	中小企业阅读的流程管理、企业规范化的书	通俗易懂,理论和实践的结合恰到好处
	跟我们学建流程体系 陈立云 著	畅销书《跟我们学做流程管理》系列,更实操,更细致,更深入	更多地分享实践,分享感悟,从实践总结出来的方法论
	人人都要懂流程 金国华 余雅丽 著	当前各企业流程管理方面最为典型的痛点现象及问题案例	通俗易懂,适合企业全员阅读
质量管理	IATF16949 质量管理体系详解与案例文件汇编:TS16949 转版 IATF16949:2016 谭洪华 著	针对 IATF 的新标准做了详细的解说,同时指出了一些推行中容易犯的错误,提供了大量的表单、案例	案例、表单丰富,拿来就用
	五大质量工具详解及运用案例:APQP/FMEA/PPAP/MSA/SPC 谭洪华 著	对制造业必备的五大质量工具中每个文件的制作要求、注意事项、制作流程、成功案例等进行了解读	通俗易懂,简便易行,能真正实现学以致用
	ISO9001:2015 新版质量管理体系详解与案例文件汇编 谭洪华 著	紧密围绕 2015 年新版质量管理体系文件逐条详细解读,并提供可以直接套用的案例工具,易学易上手	企业质量管理认证、内审必备
	ISO14001:2015 新版环境管理体系详解与案例文件汇编 谭洪华 著	紧密围绕 2015 年新版环境管理体系文件逐条详细解读,并提供可以直接套用的案例工具,易学易上手	企业环境管理认证、内审必备
	ISO9001:2015 完整文件汇编:制造业 贺红喜 著	按照 ISO9001 标准并超出标准的要求,提供了一套完整的制造业的质量管理体系文件	原汁原味完整收入,直接可以拿来就用
	SA8000:2014 社会责任管理体系认证实战 吕林 著	作者根据自己的操作经验,按认证的流程,以相关案例进行说明 SA8000 认证体系	简单,实操性强,拿来就能用

质量管理	精益质量管理实战工具 贺小林 著	制造类企业日常工作中所需要的精益管理工具的归纳整理,并进行案例操作的细致分析	可以直接参考,实际解决生产中的具体问题
战略落地	重生——中国企业的战略转型 施炜 著	从前瞻和适用的角度,对中国企业战略转型的方向,路径及策略性举措提出了一些概要性的建议和意见	对企业有战略指导意义
	公司大了怎么管:从靠英雄到靠组织 AMT 金国华 著	第一次详尽阐释中国快速成长型企业的特点、问题及解决之道	帮助快速成长型企业领导及管理团队理清思路,突破瓶颈
	低效会议怎么改:每年节省一半会议成本的秘密 AMT 王玉荣 著	教你如何系统规划公司的各级会议,一本工具书	教会你科学管理会议的办法
	年初订计划,年尾有结果:战略落地七步成诗 AMT 郭晓 著	7 个步骤教会你怎么让公司制定的战略转变为行动	系统规划,有效指导计划实现
人力资源	**HRBP 是这样炼成的之"菜鸟起飞"** 新海 著	以小说的形式,具体解析 HRBP 的职责,应该如何操作,如何为业务服务	实践者的经验分享,内容实务具体,形式有趣
	HRBP 是这样炼成的之中级修炼 新海 著	本书以案例故事的方式,介绍了 HRBP 在实际工作中碰到的问题和挑战	书中的 HR 解决方案讲究因时因地制宜,简单有效的原则,重在启发读者思路,可供各类企业 HRBP 借鉴
	HRBP 是这样炼成的之高级修炼 新海 著	以故事的形式,展现了 HRBP 工作者在职业发展路上的层层深入和递进	为读者提供 HRBP 在实际工作中遇到种种问题的解决方案
	新任 HR 高管如何从 0 到 1 黄渊明 著	全景式展现新任高管华丽转身全过程	助力新任高管安全着陆
	HR 的劳动法内参 李皓楠 著	100 个劳动法案例和分析	轻松掌握劳动法知识,方便运用
	把面试做到极致:首席面试官的人才甄选法 孟广桥 著	作者用自己几十年的人力资源经验总结出的一套实用的确定岗位招聘标准、提升面试官技能素质的简便方法	面试官必备,没有空泛理论,只有巧妙的实操技能
	人力资源体系与 e - HR 信息化建设 刘书生 陈 莹 王美佳 著	将作者经历的人力资源管理变革、人力资源管理信息化咨询项目方法论、工具和成果全面展现给读者,使大家能够将其快速应用到管理实践中	系统性非常强,没有废话,全部是浓缩的干货
	回归本源看绩效 孙 波 著	让绩效回顾"改进工具"的本源,真正为企业所用	确实是来源于实践的思考,有共鸣
	世界 500 强资深培训经理人教你做培训管理 陈 锐 著	从 7 大角度具体细致地讲解了培训管理的核心内容	专业、实用、接地气
	曹子祥教你做激励性薪酬设计 曹子祥 著	以激励性为指导,系统性地介绍了薪酬体系及关键岗位的薪酬设计模式	深入浅出,一本书学会薪酬设计

人力资源	曹子祥教你做绩效管理 曹子祥 著	复杂的理论通俗化,专业的知识简单化,企业绩效管理共性问题的解决方案	轻松掌握绩效管理
	把招聘做到极致 远 鸣 著	作为世界500强高级招聘经理,作者数十年招聘经验的总结分享	带来职场思考境界的提升和具体招聘方法的学习
	人才评价中心·超级漫画版 邢 雷 著	专业的主题,漫画的形式,只此一本	没想到一本专业的书,能写成这效果
	走出薪酬管理误区 全怀周 著	剖析薪酬管理的8大误区,真正发挥好枢纽作用	值得企业深读的实用教案
	集团化人力资源管理实践 李小勇 著	对搭建集团化的企业很有帮助,务实,实用	最大的亮点不是理论,而是结合实际的深入剖析
	我的人力资源咨询笔记 张 伟 著	管理咨询师的视角,思考企业的HR管理	通过咨询师的眼睛对比很多企业,有启发
	本土化人力资源管理8大思维 周 剑 著	成熟HR理论,在本土中小企业实践中的探索和思考	对企业的现实困境有真切体会,有启发
企业文化	36个拿来就用的企业文化建设工具 海融心胜 主编	数十个工具,为了方便拿来就用,每一个工具都严格按照工具属性、操作方法、案例解读划分,实用、好用	企业文化工作者的案头必备书,方法都在里面,简单易操作
	企业文化建设超级漫画版 邢 雷 著	以漫画的形式系统教你企业文化建设方法	轻松易懂好操作
	华夏基石方法:企业文化落地本土实践 王祥伍 谭俊峰 著	十年积累、原创方法、一线资料,和盘托出	在文化落地方面真正有洞察,有实操价值的书
	企业文化的逻辑 王祥伍 著	为什么企业之间如此不同,解开绩效背后的文化密码	少有的深刻,有品质,读起来很流畅
	企业文化激活沟通 宋杼宸 安 琪 著	透过新任HR总经理的眼睛,揭示出沟通与企业文化的关系	有实际指导作用的文化落地读本
	在组织中绽放自我:从专业化到职业化 朱仁健 王祥伍 著	个人如何融入组织,组织如何助力个人成长	帮助企业员工快速认同并投入到组织中去,为企业发展贡献力量
	企业文化定位·落地一本通 王明胤 著	把高深枯燥的专业理论创建成一套系统化、实操化、简单化的企业文化缔造方法	对企业文化不了解,不会做?有这一本从概念到实操,就够了
生产管理	精益思维:中国精益如何落地 刘承元 著	笔者二十余年企业经营和咨询管理的经验总结	中国企业需要灵活运用精益思维,推动经营要素与管理机制的有机结合,推动企业管理向前发展
	300张现场图看懂精益5S管理 乐 涛 编著	5S现场实操详解	案例图解,易懂易学
	高员工流失率下的精益生产 余伟辉 著	中国的精益生产必须面对和解决高员工流失率问题	确实来源于本土的工厂车间,很务实

生产管理	车间人员管理那些事儿 岑立聪 著	车间人员管理中处理各种"疑难杂症"的经验和方法	基层车间管理者最闹心、头疼的事，'打包'解决
	1. 欧博心法：好管理靠修行 2. 欧博心法：好工厂这样管 曾 伟 著	他是本土最大的制造业管理咨询机构创始人，他从400多个项目、上万家企业实践中锤炼出的欧博心法	中小制造型企业，一定会有很强的共鸣
	欧博工厂案例1：生产计划管控对话录 欧博工厂案例2：品质技术改善对话录 欧博工厂案例3：员工执行力提升对话录 曾 伟 著	最典型的问题、最详尽的解析，工厂管理9大问题27个经典案例	没想到说得这么细，超出想象，案例很典型，照搬都可以了
	工厂管理实战工具 欧博企管 编著	以传统文化为核心的管理工具	适合中国工厂
	苦中得乐：管理者的第一堂必修课 曾 伟 编著	曾伟与帅傅大愿法师的对话，佛学与管理实践的碰撞，管理禅的修行之道	用佛学最高智慧看透管理
	比日本工厂更高效1：管理提升无极限 刘承元 著	指出制造型企业管理的六大积弊；颠覆流行的错误认知；掌握精益管理的精髓	每一个企业都有自己不同的问题，管理没有一剑封喉的秘笈，要从现场、现物、现实出发
	比日本工厂更高效2：超强经营力 刘承元 著	企业要获得持续盈利，就要开源和节流，即实现销售最大化，费用最小化	掌握提升工厂效率的全新方法
	比日本工厂更高效3：精益改善力的成功实践 刘承元 著	工厂全面改善系统有其独特的目的取向特征，着眼于企业经营体质（持续竞争力）的建设与提升	用持续改善力来飞速提升工厂的效率，高效率能够带来意想不到的高效益
	3A顾问精益实践1：IE与效率提升 党新民 苏迎斌 蓝旭日 著	系统的阐述了IE技术的来龙去脉以及操作方法	使员工与企业持续获利
	3A顾问精益实践2：JIT与精益改善 肖志军 党新民 著	只在需要的时候，按需要的量，生产所需的产品	提升工厂效率
	化工企业工艺安全管理实操 黄 娜 编著	化工企业工艺安全管理全指导	帮助企业树立安全意识，强化安全管理方法
	手把手教你做专业的生产经理 黄 娜 著	物流、信息流、资金流，让生产经理管理有抓手	从菜鸟到能把控全局
员工素质提升	TTT培训师精进三部曲（上）：深度改善现场培训效果 廖信琳 著	现场把控不用慌，这里有妙招一用就灵	课程现场无论遇到什么样的情况都能游刃有余
	TTT培训师精进三部曲（中）：构建最有价值的课程内容 廖信琳 著	这样做课程内容，学员有收获培训师也有收获	优质的课程内容是树立个人品牌的保证
	TTT培训师精进三部曲（下）：职业功力沉淀与修为提升 廖信琳 著	从内而外提升自己，职业的道路一帆风顺	走上职业TTT内训师的康庄大道

	书名.作者	内容/特色	读者价值
员工素质提升	培训师,如何让你的事业长青:自我管理的10项法则 廖信琳 著	建立了一套完整的培训师自我管理体系,为培训师的职业成长与发展提供有益的指引	培训师如何在自己的职业道路上越走越高,事业长青,一直有所收获与成长?本书将给你答案
	管理咨询师的第一本书:百万年薪 千万身价 熊亚柱 著	从问题出发,发现问题、分析问题、解决问题,让两眼一抹黑的新人快速成长	管理咨询师初入职场,让本书开启百万年薪之路
	手把手教你做专业督导:专卖店、连锁店 熊亚柱 著	从督导的职能、作用,在工作中需要的专业技能、方法,都提供了详细的解读和训练办法,同时附有大量的表单工具	无论是店铺需要统一培训,还是个人想成为优秀的督导,有这一本就够了
	跟老板"偷师"学创业 吴江萍 余晓雷 著	边学边干,边观察边成长,你也可以当老板	不同于其他类型的创业书,让你在工作中积累创业经验,一举成功
	销售轨迹:一位快消品营销总监的拼搏之路 秦国伟 著	本书讲述了一个普通销售员打拼成为跨国企业营销总监的真实奋斗历程	激励人心,给广大销售员以力量和鼓舞
	在组织中绽放自我:从专业化到职业化 朱仁健 王祥伍 著	个人如何融入组织,组织如何助力个人成长	帮助企业员工快速认同并投入到组织中去,为企业发展贡献力量
	企业员工弟子规:用心做小事,成就大事业 贾同领 著	从传统文化《弟子规》中学习企业中为人处事的办法,从自身做起	点滴小事,修养自身,从自身的改善得到事业的提升
	手把手教你做顶尖企业内训师:TTT培训师宝典 熊亚柱 著	从课程研发到现场把控、个人提升都有涉及,易读易懂,内容丰富全面	想要做企业内训师的员工有福了,本书教你如何抓住关键,从入门到精通
	28天速成文案高手 秦士 安丽 著	解构优秀品牌和出彩文案背后的逻辑,28天循序渐进成为文案高手	让优质文案变成"智慧工厂"般的工序管理与稳定出品
	让投诉顾客满意离开:客户投诉应对与管理 孟广桥 著	立足于投诉处理的实践,剖析了不同投诉者和投诉的特点和应对措施,并提供各种技巧方法,赢得客户信赖所需培养的品质修炼、处理投诉应掌握的法律法规等工具	是投诉处理人员适应岗位职能需要、提升工作技能的良师益友,是企业变诉为金、培养业务骨干的法宝

营销类:把客户需求融入企业各环节,提供"客户认为"有价值的东西

	书名.作者	内容/特色	读者价值
营销模式	精品营销战略 杜建君 著	以精品理念为核心的精益战略和营销策略	用精品思维赢得高端市场
	变局下的营销模式升级 程绍珊 叶宁 著	客户驱动模式、技术驱动模式、资源驱动模式	很多行业的营销模式被颠覆,调整的思路有了!
	动销操盘:节奏掌控与社群时代新战法 朱志明 著	在社群时代把握好产品生产销售的节奏,解析动销的症结,寻找动销的规律与方法	都是易读易懂的干货!对动销方法的全面解析和操盘
	弱势品牌如何做营销 李政权 著	中小企业虽有品牌但没名气,营销照样能做的有声有色	没有丰富的实操经验,写不出这么具体、详实的案例和步骤,很有启发

营销模式	老板如何管营销 史贤龙 著	高段位营销16招,好学好用	老板能看,营销人也能看
	洞察人性的营销战术:沈坤教你28式 沈坤 著	28个匪夷所思的营销怪招令人拍案叫绝,涉及商业竞争的方方面面,大部分战术可以直接应用到企业营销中	各种谋略得益于作者的横向思维方式,将其操作过的案例结合其中,提供的战术对读者有参考价值
	动销:产品是如何畅销起来的 吴江萍 余晓雷 著	真真切切告诉你,产品究竟怎么才能卖出去	击中痛点,提供方法,你值得拥有
	1000铁杆女粉丝 张兵武 著	连接是女性与生俱来的特质。能善用连接的营销人员,就像拿到打开女性荷包的钥匙	重新认识女性的传播力量
	360°谈营销:一位营销咨询师20年实战洞察 王清华 古怀亮 著	各个角度,全方位,多视点剥营销	思路单一,此书帮你破
	营销按钮:扣动一触即发的力量 老苗 著	提供各种奇形怪状的营销武器	一定会带给你不一样的思维震撼
	孙子兵法营销战 刘文新 著	逐句解读孙子兵法,以及在营销方面的感悟	帮助营销人用智慧打营销仗
销售	资深大客户经理:策略准,执行狠 叶敦明 著	从业务开发、发起攻势、关系培育、职业成长四个方面,详述了大客户营销的精髓	满满的全是干货
	大客户销售这样说这样做 陆和平 著	大客户销售十大模块68个典型销售场景应对策略和话术,直接拿来就用	从"为什么要这么干"到"干什么、怎么干"
	成为资深的销售经理:B2B、工业品 陆和平 著	围绕"销售管理的六个关键控制点"一一展开,提供销售管理的专业、高效方法	方法和技术接地气,拿来就用,从销售员成长为经理不再犯难
	销售是门专业活:B2B、工业品 陆和平 著	销售流程就应该跟着客户的采购流程和关注点的变化向前推进,将一个完整的销售过程分成十个阶段,提供具体方法	销售不是请客吃饭拉关系,是个专业的活计!方法在手,走遍天下不愁
	向高层销售:与决策者有效打交道 贺兵一 著	一套完整有效的销售策略	有工具,有方法,有案例,通俗易懂
	学话术 卖产品 张小虎 著	分析常见的顾客异议,将优秀的话术模块化	让普通导购员也能成为销售精英
组织和团队	升级你的营销组织 程绍珊 吴越舟 著	用"有机性"的营销组织替代"营销能人",营销团队变成"铁营盘"	营销队伍最难管,程老师不愧是营销第1操盘手,步骤方法都很成熟
	用数字解放营销人 黄润霖 著	通过量化帮助营销人员提高工作效率	作者很用心,很好的常备工具书
	成为优秀的快消品区域经理(升级版) 伯建新 著	用"怎么办"分析区域经理的工作关键点,增加30%全新内容,更贴近环境变化	可以作为区域经理的"速成催化剂"
	成为资深的销售经理:B2B、工业品 陆和平 著	围绕"销售管理的六个关键控制点"一一展开,提供销售管理的专业、高效方法	方法和技术接地气,拿来就用,从销售员成长为经理不再犯难

	一位销售经理的工作心得 蒋　军　著	一线营销管理人员想提升业绩却无从下手时，可以看看这本书	一线的真实感悟
组织和团队	快消品营销：一位销售经理的工作心得 2 蒋　军　著	快消品、食品饮料营销的经验之谈，重点突出	来源于实战的精华总结
	销售轨迹：一位快消品营销总监的拼搏之路 秦国伟　著	本书讲述了一个普通销售员打拼成为跨国企业营销总监的真实奋斗历程	激励人心，给广大销售员以力量和鼓舞
	用营销计划锁定胜局：用数字解放营销人 2 黄润霖　著	全方位教你怎么做好营销计划，好学好用真简单	照搬套用就行，做营销计划再也不头痛
	快消品营销人的第一本书：从入门到精通 刘　雷　伯建新　著	快消行业必读书，从入门到专业	深入细致，易学易懂
产品	产品开发管理方法·流程·工具：从作坊式到规范化 任彭枞　著	产品研发管理体系全指导	既有工具，又能开拓思路
	新产品开发管理，就用 IPD（升级版） 郭富才　著	10 年 IPD 研发管理咨询总结，国内首部 IPD 专业著作	一本书掌握 IPD 管理精髓
	这样打造大单品： 案例　策略　方法 迪智成咨询团队　著	囊括十三个不同行业、企业的实际案例，从不同角度详细剖析、总结了这些品牌厂家打造大单品的成功经验或者失败教训	厘清大单品打造的策划与路径，得出持续经营的思路与方法
	研发体系改进之道 靖爽　陈年根　马鸣明　著	提出一套系统性的方法与工具	指引企业少走弯路，提高成功率
	资深项目经理这样做新产品开发管理 秦海林　著	以 IPD 为思想，系统讲解新产品开管理的细节	提供管理思路和实用工具
	产品炼金术Ⅰ：如何打造畅销产品 史贤龙　著	满足不同阶段、不同体量、不同行业企业对产品的完整需求	必须具备的思维和方法，避免在产品问题上走弯路
	产品炼金术Ⅱ：如何用产品驱动企业成长 史贤龙　著	做好产品、关注产品的品质，就是企业成功的第一步	必须具备的思维和方法，避免在产品问题上走弯路
品牌	中小企业如何建品牌 梁小平　著	中小企业建品牌的入门读本，通俗、易懂	对建品牌有了一个整体框架
	采纳方法：破解本土营销 8 大难题 朱玉童　编著	全面、系统、案例丰富、图文并茂	希望在品牌营销方面有所突破的人，应该看看
	中国品牌营销十三战法 朱玉童　编著	采纳 20 年来的品牌策划方法，同时配有大量的案例	众包方式写作，丰富案例令人启发，极具价值
	今后这样做品牌：移动互联时代的品牌营销策略 蒋　军　著	与移动互联紧密结合，告诉你老方法还能不能用，新方法怎么用	今后这样做品牌就对了
	中小企业如何打造区域强势品牌 吴　之　著	帮助区域的中小企业打造自身品牌，如何在强壮自身的基础上往外拓展	梳理误区，系统思考品牌问题，切实符合中小区域品牌的自身特点进行阐述

	书名·作者	内容/特色	读者价值
渠道通路	深度分销:掌控渠道价值链 施 炜 著	制造商通过掌控渠道价值链,将管理触角延伸至零售层面及顾客现场,对市场根部精耕细作,从而挖掘需求,构筑区域市场尤其是三四级市场的竞争壁垒	深度分销是中国企业对世界营销的独特贡献。实践证明,互联网时代深度分销仍有生命力
	快消品营销与渠道管理 谭长春 著	将快消品标杆企业渠道管理的经验和方法分享出来	可口可乐、华润的一些具体的渠道管理经验,实战
	传统行业如何用网络拿订单 张 进 著	给老板看的第一本网络营销书	适合不懂网络技术的经营决策者看
	采纳方法:化解渠道冲突 朱玉童 编著	系统剖析渠道冲突,21 个渠道冲突案例、情景式讲解,37 篇讲义	系统、全面
	学话术 卖产品 张小虎 著	分析常见的顾客异议,将优秀的话术模块化	让普通导购员也能成为销售精英
	向高层销售:与决策者有效打交道 贺兵一 著	一套完整有效的销售策略	有工具,有方法,有案例,通俗易懂
	通路精耕操作全解:快消品 20 年实战精华 周 俊 陈小龙 著	通路精耕的详细全解,每一步的具体操作方法和表单全部无保留提供	康师傅二十年的经验和精华,实践证明的最有效方法,教你如何主宰通路

管理者读的文史哲·生活

	书名·作者	内容/特色	读者价值
思想·文化	德鲁克管理思想解读 罗 珉 著	用独特视角和研究方法,对德鲁克的管理理论进行了深度解读与剖析	不仅是摘引和粗浅分析,还是作者多年深入研究的成果,非常可贵
	德鲁克与他的论敌们:马斯洛、戴明、彼得斯 罗 珉 著	几位大师之间的论战和思想碰撞令人受益匪浅	对大师们的观点和著作进行了大量的理论加工,去伪存真、去粗存精,同时有自己独特的体系深度
	德鲁克管理学 张远凤 著	本书以德鲁克管理思想的发展为线索,从一个侧面展示了 20 世纪管理学的发展历程	通俗易懂,脉络清晰
	王阳明"万物一体"论:从"身-体"的立场看(修订版) 陈立胜 著	以身体哲学分析王阳明思想中的"仁"与"乐"	进一步了解传统文化,了解王阳明的思想
	自我与世界:以问题为中心的现象学运动研究 陈立胜 著	以问题为中心,对现象学运动中的"意向性""自我""他人""身体"及"世界"各核心议题之思想史背景与内在发展理路进行深入细致的分析	深入了解现象学中的几个主要问题
	作为身体哲学的中国古代哲学 张再林 著	上篇为中国古代身体哲学理论体系奠基性部分,下篇对由"上篇"所开出的中国身体哲学理论体系的进一步的阐发和拓展	了解什么是真正原生态意义上的中国哲学,把中国传统哲学与西方传统哲学加以严格区别
	中西哲学的歧异与会通 张再林 著	本书以一种现代解释学的方法,对中国传统哲学内在本质尝试一种全新的和全方位的解读	发掘出掩埋在古老传统形式下的现代特质和活的生命,在此基础上揭示中西哲学"你中有我,我中有你"之旨

	书名/作者	内容简介	推荐理由
思想·文化	治论:中国古代管理思想 张再林 著	本书主要从儒、法墨三家阐述中国古代管理思想	看人本主义的管理理论如何不留斧痕地克服似乎无法调解的存在于人类社会行为与社会组织中的种种两难和对立
	车过麻城 再晤李贽 张再林 著	系统全面而又简明扼要地展示了李贽独到的学术眼力和超拔的理论建树	帮助读者重新认识李贽的思想
	中国古代政治制度(修订版) 上:皇帝制度与中央政府 刘文瑞 著	全面论证了古代皇帝制度的形成和演变的历程	有助于读者从政治制度角度了解中国国情的历史渊源
	中国古代政治制度(修订版) 下:地方体制与官僚制度 刘文瑞 著	全面论证了古代地方政府的发展演变过程	有助于读者从政治制度角度了解中国国情的历史渊源
	中国思想文化十八讲(修订版) 张茂泽 著	中国古代的宗教思想文化,如对祖先崇拜、儒家天命观、中国古代关于"神"的讨论等	宗教文化和人生信仰或信念紧密相联,在文化转型时期学习和研究中国宗教文化就有特别的现实意义
	史幼波《大学》讲记 史幼波 著	用儒释道的观点阐释大学的深刻思想	一本书读懂传统文化经典
	史幼波《周子通书》《太极图说》讲记 史幼波 著	把形而上的宇宙、天地,与形而下的社会、人生、经济、文化等融合在一起	将儒家的一整套学修系统融合起来
	史幼波《中庸》讲记(上下册) 史幼波 著	全面、深入浅出地揭示儒家中庸文化的真谛	儒释道三家思想融会贯通
	梁涛讲《孟子》之万章篇 梁 涛 著	《万章》主要记录孟子与万章的对话,涉及孝道、亲情、友情、出仕为官等	作者的解读能帮助读者更好地理解孟子及儒学
	两晋南北朝十二讲(修订版) 李文才 著	作为一本普及性读物,作者尊重史实,运用"历史心理学"的叙事方法,分12个专题对两晋南北朝的历史进行阐述	让读者轻松了解两晋南北朝的历史
	每个中国人身上的春秋基因 史贤龙 著	春秋368年(公元前770-公元前403年),每一个中国人都可以在这段时期的历史中找到自己的祖先,看到真实发生的事件,同时也看到自己	长情商、识人心
	与《老子》一起思考:德篇 与《老子》一起思考:道篇 史贤龙 著	打通文史,回归哲慧,纵贯古今,放眼中外,妙语迭出,在当今的老子读本中别具一格	深读有深读的回味,浅尝有浅尝的机敏,可给读者不同的启发
	说服天下:《鬼谷子》的中国沟通术 翟玉忠 著	由内圣而外王,从心力的培育到具体的说服理论,再到生动的说服案例	从商业到军事再到日常生活,沟通说服已经变得越来越重要
	读《管子》,知天下财富:轻重术与中国古典经济思想 翟玉忠 著	中国农业社会规模庞大的市场产生了复杂发展的经济理论——以《管子》轻重十六篇为核心的轻重术	本书分为道、术两大部分,有思想、有谋略,相信你会从中有所收获